Christine Adrian

Tiere pflegen und verstehen

Schildkröte, Sonnenvogel, Zwergwachtel, Streifenhörnchen, Igel

KOSMOS BÜCHER

Kosmos · Gesellschaft der Naturfreunde
Franckh'sche Verlagshandlung · Stuttgart

Umschlag von Edgar Dambacher
unter Verwendung mehrerer Aufnahmen von Burkard Kahl
29 Tierzeichnungen von Eva Hülsmann
und 5 technische Zeichnungen von Roswitha Goy
9 Farbfotos auf 4 Tafeln von Burkard Kahl

CIP-Kurztitelaufnahme der Deutschen Bibliothek

Adrian, Christine
Tiere pflegen und verstehen : Schildkröte, Sonnenvogel, Zwergwachtel, Streifenhörnchen, Igel.
– 1. Aufl., 1. – 5. Tsd. – Stuttgart : Franckh,
1976
(Das Vivarium)
ISBN 3-440-04335-5

Franckh'sche Verlagshandlung, W. Keller & Co., Stuttgart / 1976

Printed in Germany / Imprimé en Allemagne / LH 14 be / ISBN 3-440-04335-5
Gesamtherstellung: Konrad Triltsch, Graphischer Betrieb, Würzburg

Das Vivarium

Tiere pflegen und verstehen

Tiere pflegen und verstehen

Vermutlich können auch Sie ein Liedchen davon singen: Ort der Handlung – eine Zoohandlung. Hauptpersonen – Sie und ein Tier, die unerwartet zusammentreffen. Wer hat hier wen entdeckt? Sie das Tier – oder das Tier etwa Sie ... Jedenfalls, in Ihnen spielt sich etwas ähnliches ab wie bei der sogenannten Liebe auf den ersten Blick. Sie sind mehr hin- als hergerissen, lassen sich vom Verkäufer ein paar Auskünfte geben, die einerseits vielversprechend und andererseits beruhigend klingen. Und das Ende vom Liede? Dieses Wundertier nehmen Sie mit nach Haus. Während Sie dort für das Tier unverzüglich einen hübschen Käfig einrichten, bauen Sie gleichzeitig für sich in Gedanken am schönen Gebäude künftiger Erwartungen. Das neue Tier soll es in jeder Beziehung möglichst gut haben, damit es nämlich möglichst bald auch möglichst viel Freude bringt. Nach bestem Wissen sorgen Sie in der kommenden Zeit dafür, daß nach Ihrer Meinung alles stimmt: Unterbringung, Futter, Pflege, Zuwendung oder gebührender Abstand für die Zeit der Eingewöhnung. Und dann – trotz aller Bemühungen passiert es dann leider oft, daß nichts passiert. Voreilige Erwartungen treffen nicht ein. Das Tier wird nicht zahm, oder es kommt zu keinem Zuchterfolg. Erst erlahmt die Geduld und bald darauf das Interesse. So wird ein mit Liebe entdecktes Tier zur Last.

Auch Neugier oder Mitleid sind keine standfesten Motive, um sich ein Tier anzuschaffen. Sogar das berechtigte Gefühl, ein erfahrener Tierfreund zu sein, reicht nicht aus, um jedes x-beliebige Tier zu halten. Wer nur abends daheim ist, wird mit einem Streifenhörnchen kaum Umgang finden, weil es ein Tagtier ist. Wer eine winzige Wohnung besitzt, darf nicht von Riesenkäfigen träumen. Aber solche äußerlichen Gegebenheiten lassen sich bei der Tierhaltung noch am leichtesten berücksichtigen. Verstrickender sind jene Schwierigkeiten, die sich nach und nach zwischen Mensch und Tier aus puren Mißverständnissen ergeben können. Dagegen hilft nur eine vorbeugende Maßnahme: Kenntnis sammeln, wachsendes Verständnis gewinnen. Denn ein Tier soll doch bei mir leben dürfen und nicht vegetieren müssen.

Pflegen und verstehen – wenn diese zwei Tätigkeitsworte zu einer einzigen Handlung werden, erst dann ist das Tier beim Menschen richtig aufgehoben. Dann kommen beide auf ihre Kosten, und Tierhaltung wird zur Tierfreundschaft. Dann ist für das Tier die Gefangenschaft kein Gefängnis und für den Besitzer das Tier nicht bloß ein Besitz, dessen Wert in Mark und Pfennig berechnet wird.

Am Beispiel von fünf Tieren, die heute nicht zu den gängigen Hausgenossen gehören, will dieses Buch ganz allgemein zu einer verständnisreichen Pflege anregen. Selbstverständlich bringt jedes Kapitel vom Futter bis zum Käfigbau die erforderlichen konkreten Angaben. Darüber hinaus wird durch Tips und Hinweise versucht, den Tierfreund zu ermutigen, sich mehr zuzutrauen als pflichtgemäße oder nur liebevolle Tierversorgung. Wer aus einer Mensch-Tier-Beziehung das Menschenmögliche machen will, der fängt beim Tier an und nicht bei sich.

Tiere beobachten – wie und wozu

Tiere können mit Menschen nicht wörtlich reden. Trotzdem sprechen sie mit uns – durch das, was sie tun oder auch nicht tun. Diese Art von Umgangssprache ist immer da, leise, unaufdringlich und mit vielen verschiedenen Ausdrucksmöglichkeiten. Um sie zu verstehen, muß der Mensch aber auch „da" sein, soll richtig hinsehen, darf nichts übersehen. Beobachtung ist also das Verständigungsmittel zwischen Mensch und Tier. Und daraus ergibt sich die Kontrollmöglichkeit für den Menschen. Durch Zeigen sagt ihm das Tier, ob die gutgemeinte Versorgung auch wirklich als gut empfunden wird.

Keine Anleitung zur Tierpflege – auch diese nicht – darf man wie ein Kuchenrezept hinnehmen, dessen Erfolg um so sicherer eintrifft, je sklavischer man sich daran hält. Tiere sind eben keine fest bestimmbaren Endprodukte. Wenn Angehörige einer Art sich auch in vielem grundsätzlich ähneln, so hat doch jedes Individuum sein eigen-artiges Wesen mit persönlichen Charakterzügen – genauso wie der Mensch, der die Pflege übernimmt. Mensch und Tier – beide besitzen ihre eigenen Noten. Daraus machen sie dann von Fall zu Fall eine Freundschaft mit dem nur ihnen eigenen Zusammenklang. Aber den kann kein Buch beschreiben oder vorschreiben, es kann nur anregen. Ohne Ihre eigenen exakten Beobachtungen werden Sie Ihr Tier zwar leben lassen, doch erleben werden Sie dabei ziemlich wenig.

Keine Angst, Sie müssen nicht den Verhaltensforscher spielen mit einem Zwanzig-Stunden-Tagesprogramm. Sie brauchen nicht viel: ein bißchen Geduld und Zeit, etwas zum Schreiben – und einen scharfen Blick. Mit „scharf" ist jene Aufmerksamkeit gemeint, die alles wahrnimmt. Aber nur alles, was wirklich geschieht und nicht auch das, was man gern sehen möchte. Und nehmen Sie nicht gleich seltene und komplexe Verhaltensbereiche aufs Korn (Rivalenkampf, Balz, Jungenaufzucht). Alltägliche Vorgänge sind zur Einübung weit besser geeignet. Hier bekommt man dann seine notwendige Sicherheit, unterscheidet bald normales von krankhaftem oder übliches von neuem Verhalten.

Leider ist unser Erinnerungsvermögen für Details so begrenzt. Darum sollten Sie aufschreiben, was Sie sehen. Am besten sofort, wenn Sie es sehen. Stichworte genügen, dazu Datum, Uhrzeit, Wetterlage und möglichst, was vorher und nachher geschah. Mehr wäre bereits zu viel. Vor allem keine voreiligen Ausdeutungen oder Erklärungen basteln. Nur was Sie sehen, ist immer richtig – die naheliegende Erklärung dafür ist es bloß manchmal. Aber steht sie erst einmal auf dem Papier, macht sie es später schwer, den wahren Zusammenhang zu erkennen.

Die scheinbar mageren Notizen werden zunächst belanglos wirken, ziellos, weil es sich um grundverschiedene Beobachtungen dreht. Doch wenn Sie Ihre Aufzeichnungen nach einigen Monaten in Ruhe auswerten und dabei zum Beispiel gleiches Verhalten gleichfarbig unterstreichen, wird das Bild schon klarer. Jetzt verknüpfen sich Zusammenhänge zwischen bestimmten Verhaltensweisen und Bedingungen, unter denen sie aufgetreten sind. Und nun dürfen Sie sich auch vorsichtig an eine vorläufige Erklärung wagen. Vorläufig deshalb, weil ein sicherer Schluß über das „warum und wozu" im tierischen Verhalten meist nur nach großem Zeitraum möglich ist.

Je länger Sie ein Verhaltensprotokoll kontinuierlich fortführen, desto verläßlicher und aufschlußreicher wird es. Besonders hilfreich erweisen sich solche Notizen bei der Zucht. Dann weiß man nämlich für künftige Fälle, warum es in diesem Fall geklappt hat. Und was vielleicht nur einmaliger Zuchterfolg geblieben wäre, kann zum Dauererfolg werden – weil sich aus dem Protokoll in allen Einzelheiten das „gewußt wie" ergibt. Aber auch schriftlich verfolgbare Mißerfolge lassen sich positiv auswerten. Durchlaufende Fehler wird man nicht wiederholen – wenn sie als falsch erkannt sind.

Das Tier beobachten und nicht bloß betrachten – möglichst vom ersten Tag an. Das ist leicht gesagt. Aber was tun, wenn ein Tier wochenlang die Scheu nicht verliert? Angenommen, es will und will sich nicht an seinen Beobachter gewöhnen, obwohl er alles richtig unternimmt, von der Bewegung im Zeitlupentempo bis zum Bestechungsversuch per Leckerbissen. Bei solchen (und vielen anderen!) hartnäckigen Fällen muß man sich spezielle Tricks ausdenken. Hier könnte zum Beispiel ein Spiegel helfen, schräg neben den Käfig gestellt. Nämlich so, daß ein Mensch zwar darin beobachten kann, aber das Tier sich nicht direkt von seinen Augen „durchbohrt" fühlt. Ohne ähnliche Tricks werden Sie nicht auskommen bei Ihrer Tierbeobachtung. Dieses Vergnügen verlangt nämlich ebenso viel Phantasie wie Geduld – sonst würde es zur sturen Arbeit. Und das ist nicht der Sinn der Sache . . .

Gefangene Tiere beschäftigen

In diesem Buch werden Tiere besprochen, die in den meisten Fällen als Wildfänge in unsere Käfige kommen. Das heißt, sie sind in freier Natur geboren, dort aufgewachsen und haben die Freiheit erfahren mit allen guten und gefährlichen Seiten. Für dieses Leben sind sie von Natur ausgerüstet, sie kennen es und fühlen sich trotz aller Nöte und Kämpfe dabei recht sicher und wohl in ihrer Haut. Doch schlagartig ändert sich absolut alles, wenn die neue Umwelt im Käfig liegt. Nicht nur Freiheit ist damit verloren gegangen. Von nun an müssen diese Tiere in nächster Nähe mit einem Wesen zusammenleben, vor dem sie bisher die Flucht ergriffen – dem Menschen. Wie gern würden sie jetzt einen weiten Bogen machen! Weil das nicht mehr geht, sind sie zunächst scheu und unruhig. Immer noch beseelt sie der Wunsch, dem unheimlichen Zweibeiner doch noch zu entkommen. Erst nach und nach machen sie die Erfahrung, daß dieser Feind nicht feindlich einwirkt – ja, daß es für sie überhaupt keine Feinde mehr gibt. Allmählich lernen sie, dieses neue und sorglose Leben zu schätzen. Auf ihre Weise genießen sie den stets gefüllten Futternapf und das warme Nest, das plötzlich keiner mehr streitig macht. Jedoch diese Tiere vermissen auch etwas – und nicht nur ihre Bewegungsfreiheit . . .

Was wissen wir eigentlich wirklich von Tieren, von ihrem Dasein in freier Natur? Gewöhnlich zu wenig, um uns annähernd in ihre Natur zu versetzen. Oder wir wissen zu viel – und damit sitzen wir auch noch nicht auf ihrem Platz. Aber wir können und sollten etwa folgendes nachfühlen: Das Leben der Tiere dreht sich weder ausschließlich um den berühmten „Kampf ums Dasein“, noch ist es durch angeborene, starre Instinkthandlungen vollkommen vorprogrammiert. Andererseits ist kein Tier so „frei“, daß es tun und lassen kann, was es will. Also ist die Wahrheit eine Mischung davon, die je nach Tierart verschieden ausfällt. Neben dem Repertoire von angeborenen Verhaltensweisen besitzen unsere Haus- und Heimtiere noch einen mehr oder weniger breiten Spielraum für persönliche Erfahrungen, die prägen, verändern, formen. Und damit ein Tier seine Erfahrungen machen und auswerten kann, helfen ihm Neugier, Spieltrieb, Erfindungsgabe und Lerneifer. Die Natur hat zusätzlich eine Art inneren Drang mitgegeben, diese Möglichkeiten auch anzuwenden.

Draußen in der Freiheit ergibt sich die Anwendung sozusagen von selbst. Aber wie steht es damit im Käfig? Dort werden alle Grundbedürfnisse für körperliches Überleben reichlich und mühelos erfüllt. Es bleibt also Zeit, sich anderweitig zu beschäftigen – viel mehr Zeit, als das Tier draußen je hätte. Dafür gibt es nun weit weniger Möglichkeiten, seine „geistigen" Fähigkeiten zwangsläufig anzuwenden. Was Wunder, wenn diese Eigenschaften allmählich verkümmern und ein körperlich gesundes Tier schließlich in lähmender Langeweile dahinvegetiert. Oder wenn es sich in seiner Ausweglosigkeit auf eine Art und Weise selbst beschäftigt, die jedem Tierfreund auf die Nerven geht: Stundenlang hüpft oder rennt das Tier im Käfig hin und her, wählt immer die gleiche Strecke, macht immer die gleichen, abgezirkelten Bewegungen. Ist ein solcher Tick erst einmal eingefahren, läuft er auch dann noch ab, wenn das Tier in einen größeren Käfig kommt. Es liegt also gar nicht hauptsächlich am Bewegungsmangel, sondern an einem Mangel an Beschäftigung. Solche Tätigkeiten sind kein Luxus, sondern für die Gesundheit ebenso wichtig wie Futter und Wasser.

Ein großer Käfig ist sicher schon ein guter Anfang. Aber noch wesentlicher sollte für Sie sein, daß Sie sich Gedanken machen, wie Sie Ihr Tier beschäftigen können. Fordern Sie Neugierde, Spieltrieb und Erfindungsgabe heraus, damit das Tier Neugierde, Spieltrieb und Erfindungsgabe anwenden kann. Oder regen Sie den Lerneifer an mit kleinen Dressurübungen. Zum Beispiel könnte das Tier seinen Namen kennen und auf Ruf kommen. Es wird auch Leckerbissen aus Ihrer Hand nehmen und dazu vielleicht noch „Männchen" machen. Oder es soll hingeworfene Belohnungen auffangen, bevor sie zu Boden fallen. Die meisten Tiere widmen sich einer Beschäftigungstherapie mit Feuereifer – wenn Sie die Übung geschickt anbieten, Schritt für Schritt aufbauen und nur nicht zuviel auf einmal fordern. Selbstverständlich wird jeder kleine Erfolg dann belohnt, aber nicht bloß mit Futter. Denn wenn das Tier satt ist, hat der schönste Leckerbissen keinen Stellenwert. Und Fressen ist schließlich auch nicht die einzige Lebensfreude. Manches Tier läßt jedes Futter stehen für den Fall, daß es gekrault wird. Oder es hat gern, daß ihm leise zugesprochen wird. Es genießt, auf oder in der warmen Hand sitzen zu dürfen. Je vertrauter Sie mit Ihrem Tier werden, desto persönlichere Belohnungen können Sie spenden.

Krankheiten erkennen und behandeln

Zum Glück werden Käfigtiere selten krank – wenn sie abwechslungsreich gefüttert, sauber gehalten und warm genug untergebracht werden. Treten trotzdem Störungen auf, müssen dafür nicht unbedingt Krankheiten verantwortlich sein. Im Sinne erfolgreicher Behandlung also zunächst herausfinden:
Seit wann tritt die Störung auf?
Warum tut sie das wohl?
Um welche Art der Störung wird es sich also handeln?
Dieses Buch beschreibt sehr verschiedene Tiere und spricht über die jeweils häufigsten Störungen in den entsprechenden Kapiteln. Doch sind sich diese und andere Tiere in manchem so ähnlich, daß es grundsätzliche Merkmale für Krankheiten gibt. Darum hier eine Art Checkliste für Tierpatienten:

- Ein scheues Tier läßt sich plötzlich anfassen
- es hockt vor sich hin, mit gesträubten Federn oder Haaren
- frißt viel weniger als üblich
- trinkt viel weniger als sonst
- erbricht Futter oder Schleim
- hat Durchfall oder Verstopfung
- magert sichtlich ab
- zeigt krampfartige Erscheinungen
- hat trübe oder verklebte Augen
- atmet schwer oder geräuschvoll, oder es hustet
- die Nase sondert Schleim ab
- der Afterbereich ist verschmutzt
- das Gleichgewicht wird nicht mehr beherrscht
- die normale Fortbewegung ist gestört
- Fell oder Federn fallen aus, wachsen nicht mehr nach
- offene Wunden wollen nicht heilen, eitern
- bekannte und beliebte Spiele unterbleiben
- Leckerbissen werden abgelehnt

Diese Anzeichen können leider nicht kurz und bündig mit dem klaren Hinweis auf eine bestimmte Krankheit verbunden werden, denn für die meisten Störungen gibt es mehrere mögliche Ursachen. Und so bleibt mir nur übrig – immer mal wieder – an Ihre Beobachtungs- und Einfühlungsgabe zu appellieren, an den gesunden „Tierverstand“. Ihren gesunden Menschenverstand sollten Sie hier

nämlich mit Vorsicht einsetzen. Noch lange nicht alles, was dem kranken Menschen nützt, wirkt beim Tierpatienten ebenso heilsam.
Die Behandlung eines kranken Tieres beginnt mit seiner Trennung von allen gesunden Tieren. Es wird in einem kleinen Käfig untergebracht, wo man es auch leichter beobachten und einfangen kann. Hier bei Tag und Nacht für gleichmäßige Wärme sorgen, aber ein Thermometer aufhängen, damit die Krankenstube nicht zur Sauna wird. Direkte Sonneneinstrahlung vermeiden, außer bei Schildkröten. Futter und abgekochtes Wasser oder Tee leicht erreichbar servieren, also nicht mehr in Trinkflaschen oder erhöht angebrachten Näpfen.
Für die weitere Behandlung gibt es zwei Möglichkeiten: Entweder Sie versuchen selbst, das Tier zu kurieren – und haben Sie nach drei Tagen sichtlichen Erfolg, ist es gut. Oder Sie gehen gleich zum Tierarzt. Und das hat den Vorteil, er kann sofort Medikamente geben oder spritzen, die schnell und sicher wirken. Jedoch in keinem Fall dürfen Sie einem kranken Tier nach Gutdünken ein Portiönchen Sulfonamide oder Antibiotika aus der Hausapotheke eintrichtern. Denn die erstrebte Wirkung solcher Mittel hängt von der exakten Dosierung ab. Nimmt man zuviel, schaden sie gar mehr als die Krankheit. Gibt man zu wenig, helfen sie nichts. Also besser, Sie halten sich an einige unproblematische Heilmethoden, die sich bewährt haben und kranken Tieren auch niemals schaden können. Bei was empfiehlt sich dann was?

Freßunlust

Ursache: Verdauungsstörungen, Infektionen, überlange Zähne bei Nagetieren, überlanger Schnabel bei Vögeln, Entzündung im Mund bei Reptilien.
Behandlung: Bei Verdauungsstörungen siehe „Durchfall" oder „Verstopfung". Bei Verdacht auf Infektionskrankheit zum Tierarzt. Überlange Zähne bei Nagetieren mit einer Nagelzange etwas abzwicken, ferner zum Nagen frische Zweige geben. Überlangen Schnabel bei Vögeln ebenfalls durch Nagelzange zurückschneiden, für Sepiaschale zum Abwetzen sorgen. Entzündungen im Mund bei Reptilien mit Kamillentee und hohen Gaben von Vitamin B und C behandeln. Weiche, säurefreie Nahrung füttern.

Durchfall

Ursache: Falsche Ernährung, Infektionen, Eingeweidewürmer.
Behandlung: Kamillentee, dünner schwarzer Tee mit Traubenzucker, geriebene Möhren, Bananen, zerdrückte Tannalbin-Tabletten ins Futter. Schädlich sind Milch, Leber, Apfelsinen und alle stark fetthaltigen Futtersorten. – Eingeweidewürmer und Infektionen muß der Tierarzt behandeln.

Verstopfung

Ursache: Einseitige Ernährung, Bewegungsmangel.

Behandlung: Viel frisches Obst, Leber und Milch.

Erbrechen
Ursache: Unverdauliche Stücke im Magen, Vergiftung, Infektionen.
Behandlung: Bei einmaligem Auftreten keine, bei Wiederholung zum Tierarzt, bis dahin Tee.

Abmagerung bei gutem Appetit
Ursache: Eingeweidewürmer, sehr starker Milbenbefall.
Behandlung: Bei Würmern zum Tierarzt. Bei Milbenbefall das Tier mit Jacutin bestäuben, den Käfig und seine Einrichtung mit Jacutinlösung auswaschen. Milben findet man tagsüber in dunklen Käfigritzen.

Verklebte Augen
Ursache: Zugluft, Fremdkörper, Entzündungen.
Behandlung: Auswaschen mit Kamillentee, für Wärme und Schutz vor hellem Licht sorgen.

Schnupfen
Ursache: Erkältung durch zu kühlen Schlafplatz, durch zu kaltnassen Boden, Baden bei kühler Witterung.
Behandlung: Gleichmäßige Wärme bei hoher Luftfeuchtigkeit und hohe Gaben von Vitamin B und C.

Atembeschwerden, Husten
Ursache: Erkältung, Lungenentzündung, Tuberkulose.
Behandlung: Gleichmäßige Wärme bei hoher Luftfeuchtigkeit, schnellstens zum Tierarzt.

Krämpfe, Gleichgewichtsstörungen
Ursache: Gehirnerschütterung, Vitaminmangel.
Behandlung: Ruhe und hohe Gaben eines Multivitamin-Präparates ohne Vitamin D. Wiederholungsmöglichkeiten ausschalten.

Knochenbrüche, Verrenkungen
Ursache: Sturz, Schlag oder Kalkmangel.
Behandlung: Zum Tierarzt, dann Ruhe und täglich abwechselnd etwas Calcipot D 3 und Calcipot C.

Lähmungen
Ursache: Vitaminmangel, Nervenerkrankungen, ausgerenktes Bein.

Behandlung: Zum Tierarzt.

Offene Wunden
Ursache: Verletzung durch Gitter oder Käfigeinrichtung, durch ein anderes Tier.
Behandlung: Leichte Wunden heilen von selbst. Schwer heilende oder eiternde Wunden mit Kamillentee auswaschen, dann mit Fischlebertran oder Unguentolansalbe bestreichen. Das schadet auch nicht, wenn das Tier nachher seine Wunde leckt.

Federausfall, Federrupfen bei Vögeln
Ursache: Vitaminmangel, Schmarotzer (Federlinge), Beschäftigungsmangel.
Behandlung: Multivitamine mäßig aber regelmäßig in das Trinkwasser. Gegen Federlinge Tier, Käfig und Einrichtung mit Jacutin behandeln. Gegen Federrupfen gibt es kaum noch Hilfe, wenn es zur Angewohnheit geworden ist.

Kahle Stellen im Fell von Säugetieren
Ursache: Räude, Parasiten, Vitaminmangel.
Behandlung: Zum Tierarzt.

Panzererweichung bei Schildkröten
Ursache: Vitamin-D-Mangel.
Behandlung: Ungefiltertes Sonnenlicht oder täglich fünf Minuten Höhensonne. Einmal wöchentlich Vitamin D 3 und Calcipot C.

Rachitis, krumme Gliedmaßen
Ursache: Vitamin-D-Mangel.
Behandlung: Vitamin-D 3-Stoß, dann einmal wöchentlich abwechselnd Calcipot D 3 und Calcipot C.

Lange Krallen bei Vögeln
Ursache: Zu glatte Sitzstangen.
Behandlung: Krallen mit einer Schere kürzen, während man sie gegen das Licht hält, damit man den Blutkanal sehen kann und nicht anschneidet. Für rauhe Sitzstangen und Zweige mit Rinde sorgen.

„Das Tier muß dieses oder jenes Medikament bekommen" – das ist leichter gesagt als getan, wenn das Tier lieber gar nichts frißt oder trinkt, als ein Zeug, das nach seinem Geschmack (durch Arzneien) verdorben riecht. Meist bleibt nur Zwangsfütterung. Dabei kommt es auf zweierlei an: auf einen geschickten Griff und Schnelligkeit, damit sich das durch Krankheit geschwächte Tier nicht mehr als nötig aufregt. Wie verabreicht man einem Tier am einfachsten, sichersten

Bild 1 Zwangsfütterung

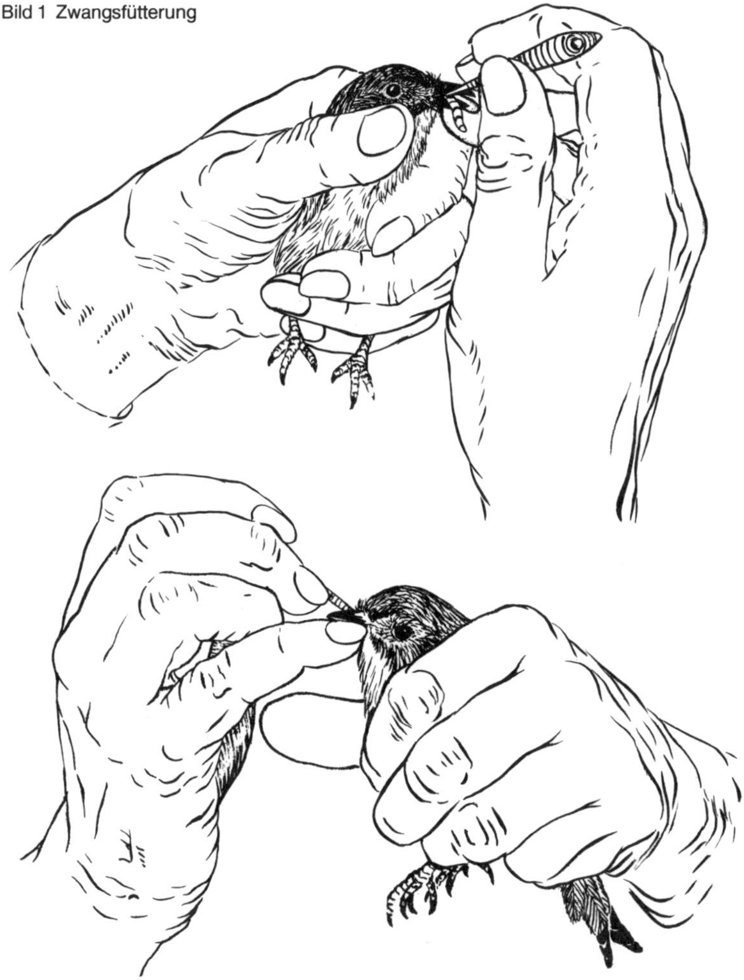

und schnellsten ein flüssiges Medikament per Tropfenzähler aus der Apotheke? Hier ein paar Tips:

Vogel: Man hält ihn auf dem Schoß und umfaßt den Kopf von oben mit der linken Hand. Zwei Finger der rechten Hand öffnen vorsichtig den Schnabel ein wenig. Nun werden die Spitzen von linkem Daumen und Zeigefinger so weit in

die Schnabelwinkel gedrückt, daß der Schnabel offen bleibt. Dann langsam die Arznei einflößen und anschließend die Kehle leicht massieren, bis der Vogel schluckt.
Säugetier: Es wird auf ein Tuch gesetzt, in dem es sich gut festhalten kann. Mit der linken Hand packt man es stramm im Nackenfell, wodurch die Vorderbeine unbeweglich und die Mundwinkel nach hinten gezogen werden. In diese kleine Öffnung am Maul dann die Arznei einflößen. Abwarten, bis das Tier sichtlich geschluckt hat.
Schildkröte: Man muß ihren Kopf zu fassen bekommen. Gelingt das nicht im Überraschungsangriff, hält man das Tier eine Weile mit dem Kopf abwärts. Die Schildkröte wird bald versuchen, ihre unangenehme Lage zu ändern – und den Hals lang ausstrecken. Jetzt greift man mit linkem Daumen und Zeigefinger rasch von oben hinter die Kiefer – aber ohne die Luft abzudrücken. Nun mit der rechten Hand einen flachen, harten Gegenstand (Stiel eines Teelöffels) vorsichtig zwischen die Kiefer schieben. Hat man so das Maul „aufgestemmt", reicht bereits ein quergelegtes Streichholz im offenen Maul, damit es nicht gleich wieder zuklappt. Nachdem die Arznei langsam eingetropft ist, das Streichholz entfernen und die Kehle massieren, bis man den Schluckreflex spürt.

Empfehlenswerte Hausgenossen

Landschildkröten

Landschildkröten sind gar nicht so – nicht so zäh, nicht so stumpfsinnig und so einfach zu halten, wie man ihnen oft nachsagt. Diese „hartschaligen" Tiere haben durchaus weiche Stellen. Aber zur richtigen Zeit richtig gepflegt, bleiben sie lange lebendig und lebhaft. Sie können auch sehr zutraulich werden und bieten erstaunlich viel Stoff für geruhsame Beobachtung. Schildkröten leben nicht nur lang, man braucht auch verhältnismäßig viel Zeit, um sich mit diesen Tieren einzuleben. Jeder gemeinsam überstandene Winterschlaf festigt dann beharrlich ein vertrautes Verhältnis.

Die Stellung im Tierreich

Schildkröten gehören mit Krokodilen, Schlangen und Eidechsen zur Klasse der Reptilien. Diese Kriechtiere haben in verschiedenen Lebensräumen mit 220 Arten die ganze Welt bevölkert. Durch die Anpassung an das Leben im Wasser kommen manche Schildkröten sogar ohne den charakteristischen Panzer aus. Doch er hat sich bei den 27 Arten der Landschildkröten-Familie besonders ausgeprägt: hochgewölbt, hart und schwer. Mit diesem unverwechselbaren Erkennungszeichen bringt es die Riesenschildkröte, als größter Vertreter der Landschildkröten, auf einen Meter Panzerlänge und mehr.

Körperbau

Warum besteht der Landschildkröten-Panzer aus vielen, verschieden geformten Hornplatten? Weil er durch diese Konstruktion auf „Zu-

Bild 2 Deutlich zu sehen: die Wachstumsringe der Panzerplatten

wachs“ angelegt ist. Wenn die Schildkröte wächst – und das tut sie fast ihr ganzes Leben – häutet sich der Panzer nicht, so wie die Haut bei anderen Reptilien. Jede einzelne Hornplatte wird an der Nahtstelle zur nächsten oder am Außenrand etwas größer. So bildet sich Sommer für Sommer eine Art Jahresring, an dessen Breite man ablesen kann, ob das Tier gute oder schlechte Zeiten gehabt hat. Allerdings lagern nur junge Tiere in guten Jahren auch breitere Wachstumsringe an. Die älteren Schildkröten wachsen dagegen so langsam, daß die Ränder ihrer Hornplatten keine Ringe mehr aufweisen. Man kann also das Alter eines Tieres nicht einfach an den Ringen abzählen. Eines aber läßt sich beim genauen Hinsehen schnell erkennen: Die einzelnen Platten wachsen nicht überall gleichmäßig. Das führt dann zu dem Effekt: Schildkröten verändern die Form ihres Panzers von der Jugend bis zum Alter oft beträchtlich.
Beine, Schwanz und Hals sind mit schuppiger Haut bedeckt, die nach Reptilienart alljährlich in mehr oder weniger großen Stücken abgestoßen wird. Jene Körperstellen, die den Panzer verschließen, wenn das Tier in volle Deckung geht, tragen die größten Schuppen. Weiter innen, am Übergang zum Panzer, wird die Haut feinschuppig, weich und faltig.
Ob Männchen oder Weibchen – wie erkennt man das? Die einzige Öffnung am Schwanz dient gleichzeitig zum Ausscheiden von Kot und Harn, zum Eierlegen und zur Begattung. Der Penis des Männchens ruht verborgen im Körper. Männchen und Weibchen unterscheiden sich aber stets durch die Form des Schwanzes: dick und lang beim Männchen – dünn und kurz beim Weibchen. Außerdem haben die Männchen einiger Arten einen nach innen gewölbten Bauchpanzer.

Beobachtungen in freier Natur

In den trockenen, verkarsteten Landstrichen ihrer Heimat, wo höchstens noch Ziegen genügend Futter finden, führen Landschildkröten ein spartanisches Leben. Wer sie dabei beobachten möchte, muß schon sehr lange und scharf hinsehen, denn die erdverkrusteten Tiere wirken wie feste Teile ihrer Umgebung. Am schnellsten erkennt man sie frühmorgens im milden Licht beim Sonnenbad, das sie leider auch gern auf einer Teerstraße nehmen. Aber dem Achsdruck eines Autos hält der Panzer nicht stand. Je höher die Sonne steigt, desto tiefer ziehen sich die Tiere auf schattige Plätze zurück. Denn Schildkröten brauchen zwar unbedingt Sonne, doch eben nur so viel, bis der Körper die tägliche „Betriebstemperatur“ erreicht hat. Würden sie der zunehmenden Hitze nicht ausweichen, stünde ihnen der Hitzschlag bevor.
Wenn die Sonne ihre lebensspendende Kraft verliert, beginnt von Oktober bis April die Winterruhe. Die Schildkröten vergraben sich dazu mit den Vorderbeinen tief im Boden. Schon im Mai sieht man sie dann wieder mit dringenden Erdarbeiten beschäftigt. Diesmal hebt das Weibchen mit den Hinterbeinen eine

Bild 3 Bei der Eiablage

Grube für die Eier aus. Sobald das Loch etwa 12 cm tief ist, hält es seinen Schwanz darüber und legt mit kurzen Pausen bis zu 20 taubeneigroße Eier. Dabei fangen die ausgestreckten Hinterbeine jedes Ei geschickt auf und legen es – tatsächlich behutsam wie ein Ei – zu den anderen. Dann scharrt das Tier die aufgewühlten Erdkrumen zurück in die Grube, glättet den Platz mit dem Bauchpanzer und tarnt ihn mit Gras oder Laub, bis er so unscheinbar aussieht wie seine Umgebung. Von nun an sind die Eier sich selbst überlassen – und der brütenden Sonne. Etwa nach zwei Monaten wühlen sich die Jungen ans Licht, so groß wie Fünfmarkstücke – nur nicht so auffällig silbrig.

Anschaffung und Pflege

Was der Zoohandel als „griechische Landschildkröten" verkauft, sind eigentlich zwei Arten. Nämlich die echte Griechische Landschildkröte (*Testudo hermanni*) aus Griechenland, Italien und Jugoslawien. Kennzeichen: Die Hornplatte oberhalb des Schwanzes ist in der Mitte geteilt, der Schwanz trägt einen „Stachel" am Ende. Und die Maurische Landschildkröte (*Testudo graeca*) aus Griechenland, Kleinasien, Nordafrika und Spanien. Kennzeichen: Die Hornplatte oberhalb des Schwanzes ist ungeteilt, der Schwanz endet rund und ohne Stachel. Außerdem wird in letzter Zeit häufig die russische Vierzehenschildkröte (Steppenschildkröte, *Testudo horsfieldii*) angeboten. Kennzeichen: fast kreisrunder, ziemlich flacher Panzer, einfarbig grau-braun. Für die Haltung gelten für alle drei Arten die gleichen Regeln. Nur ist die Maurische Landschildkröte etwas wärmebedürftiger, die Vierzehenschildkröte etwas lebhafter als die anderen.
Schildkröten lassen sich gut einzeln halten, Einsamkeit ertragen sie klaglos. Aber in Gemeinschaft mit ihresgleichen verhalten sie sich lebhafter. Es spricht also viel für wenigstens zwei Tiere, die immer sehr verträglich sind. Nur geschlechtsreife Männchen kämpfen gelegentlich heftig und laut miteinander. Die Tiere stehen sich gegenüber, ihre Panzer hoch vom Boden abgehoben, lehnen sich

zurück – und schnellen nach vorn. Dabei werden blitzschnell die Köpfe eingezogen, damit nur die Panzer aufeinanderkrachen.
Größere Schildkröten bieten nicht nur mehr, sie sind auch leichter zu halten. Trotzdem läßt man sich allzu leicht zum Kauf einer sogenannten Baby-Schildkröte hinreißen. Denn hinreißend sind die Tierchen in der Tat – leider auch entsprechend empfindlich. Sie brauchen besonders gehaltvolles, abwechslungsreiches Futter, und ihr Winterschlaf ist nur ein Schläfchen. Das bedeutet also: pro Jahr elf Monate Baby-Pflege mit mancher Mühe, aber auch viel Freude. Denn die Winzlinge werden ungeahnt zutraulich. Nur ein leichtes Klopfen – schon kommen sie angetrippelt, die hungrigen Mäulchen erwartungsvoll aufgesperrt.
Der Käfig wird kaum ein Problem, dafür eignen sich ein altes Aquarium, eine Plastikschale, ein Holzkistchen oder ein Pappkarton. Grundfläche etwa ein viertel Quadratmeter. Unter Sand oder Kies ein 30 Watt-Floratherm-Heizkabel vergraben oder über dem Käfig einen Infrarotstrahler aufhängen. Die Bodentemperatur darf schwanken zwischen 20 und 25 Grad. An sonnigen Tagen können und müssen die Tiere an die richtige Sonne – ohne Glasscheibe dazwischen. Denn nur im ultravioletten Licht wird der Panzer hart. Trotzdem dann auch immer an ein mögliches Plätzchen im Schatten denken.
Baden Sie Ihr Schildkrötchen so oft wie möglich. Das regt die Darmtätigkeit und damit auch die Freßlust an. Und das Trinkwasser in der flachen, eingegrabenen Schale bleibt sauber.
Das Futter besteht zur einen Hälfte aus Hackfleisch, Zwieback in Milch und hartgekochtem Eigelb mit Kalkpulver, zur anderen Hälfte aus weichem, frischem Obst, gekochtem Obst, Gemüse und geschnittenem Kopfsalat. Dazu pro Tier und Tag ein Tropfen Multibionta mit Vitamin D 3 und einmal wöchentlich ein Tropfen eines blutbildenden Eisen-Präparates aus der Apotheke.
Eine größere Schildkröte braucht natürlich auch einen größeren Käfig. Und der ist in einer Stadtwohnung ohne Garten nur schwer unterzubringen. Aber Sie können einen recht ungewöhnlichen Versuch machen: Halten Sie Ihre Schildkröte als stubenreinen Hausgenossen frei im Zimmer. Der Trick dabei: Baden Sie das Tier jeden Morgen nach dem Erwachen in flachem, lauwarmem Wasser, bis sich der Darm entleert. Für die nächsten 24 Stunden ist es dann „dicht". Und es braucht im Zimmer auch keine Wasserschüssel mehr. Es hat beim Bad genug Gelegenheit zu trinken.
Es ist wirklich erstaunlich, wie gut sich Schildkröten an ein solches Leben gewöhnen. Mit ihrem ausgeprägten Zeit- und Ortssinn haben sie schnell heraus, wann und wo die Sonne ins Zimmer scheint, Futter bereitsteht oder ein dunkler Schlafplatz winkt. An trüben Tagen benutzen sie gerne ein lauwarmes Heizkissen am Boden, um sich zu wärmen.
Schildkröten erkennen einander am Geruch. Nach jeder längeren Trennung

prüfen sie mit der Nase, wen sie vor sich haben und begrüßen sich dann durch Kopfwackeln. Das gleiche tun sie auch mit den Schuhen des menschlichen Zimmergenossen. Probieren Sie es aus: Fremde Schuhe werden nicht „begrüßt".
Der beste Platz für Schildkröten ist ein sonniger Garten. Aber bitte: Nicht ein Loch in den Panzer bohren und das Tier anbinden! Das Loch spürt es zwar nicht, aber die Kette.
Ebenso gedankenlos wäre es, die Schildkröte einfach im Garten laufen zu lassen. Denn sie findet jedes Loch im Zaun, oder sie gräbt sich so früh im Herbst in den Boden, noch bevor Sie überhaupt daran denken, das Tier zum Winterschlaf ins Haus zu holen. In beiden Fällen sehen Sie Ihre Schildkröte höchstwahrscheinlich nie wieder. Denn sie wandert oder erfriert viel schneller, als Sie denken.
Also werden Sie ein Gehege bauen müssen, groß, sonnig und mit eingelassener Wasserwanne, auf einer Wiese mit möglichst vielen Kräutern. Dort kurze Pfosten in den Boden rammen als Halterung für Bretter oder Wellplastik, die nur doppelt so hoch sein muß wie der Panzer lang ist, und fünf Zentimeter tief in den Rasen eingraben. Statt Holz oder Plastik tut es auch Maschendraht. Aber Schildkröten besitzen einen geradezu menschlichen Drang nach Kirschen in Nachbars Garten – hier Grünzeug jenseits des Zaunes – wenn sie es durch die Maschen sehen können. Und falls sie einmal etwas haben wollen, entwickeln sie schier unendliche Energie und Ausdauer, um das Ziel durch Graben oder Klettern zu erreichen.
Ebenso praktisch ist ein beweglicher Schildkröten-Auslauf. Aus Gründen der Stabilität kann er nicht so groß sein wie ein fest verankerter, dafür können die Tiere immer neue Wiesenstücke abweiden. Wesentlicher Unterschied in der Bauweise: Die gesamte Bodenfläche wird mit grobem, nichtrostendem Maschendraht verschlossen. Durch ihn können die Kräuter in den Auslauf wachsen, nicht aber die Schildkröte nach draußen gelangen.

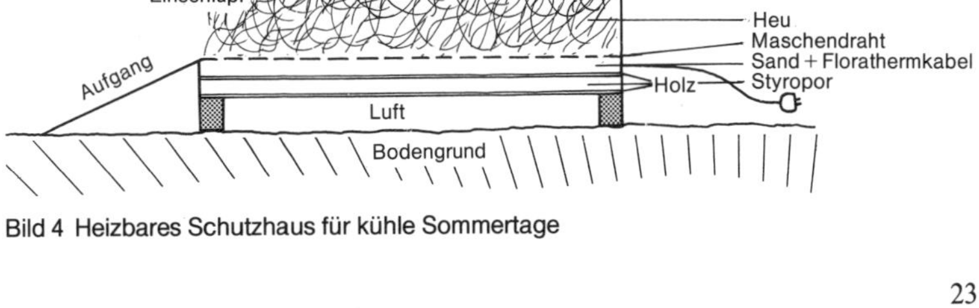

Bild 4 Heizbares Schutzhaus für kühle Sommertage

Wie oft überrascht uns der Sommer mit kühlen Tagen. Dann müssen die Schildkröten ins warme Haus – oder Sie sparen sich die lästige Arbeit, legen ein Kabel in den Garten und bauen ein heizbares Schutzhaus. Die Heizung soll in Betrieb sein, wenn die Temperaturen tags unter 15 Grad, nachts unter 10 Grad absinken. Denn bei Temperaturen unter 15 Grad stellen die Tiere jede Aktivität und vor allem das Fressen ein. Richtig wohlfühlen können sie sich aber erst ab 20 Grad.
Das nicht heizbare Schildkrötenhaus muß zwei Bedingungen erfüllen: Schutz vor Wind und Regen von oben, Schutz vor Kälte und Nässe von unten. Styropor isoliert zwar ausgezeichnet, darf aber den Tieren nicht direkt zugänglich sein. Sie zerbröseln es sofort in tausend Krümel. Also Hartfaserplatte darüber. Das fertige Haus dann bis zum Rand mit Heu füllen. Aber so gut das ungeheizte Quartier auch ausgestattet sein mag, die Tiere müssen ins Menschenhaus umziehen, wenn das Wetter nicht mehr für „Betriebstemperatur" sorgt.
Das Ausweichquartier im Haus kann ziemlich spartanisch eingerichtet werden: Man nehme eine große Kiste im Keller, fülle sie mit Heu und hänge eine 40-Watt-Glühbirne darüber, die morgens zwei bis drei Stunden brennt und als Sonnenersatz zum Fressen anregt.
Was fressen Schildkröten? Auf der grünen Wiese nahezu alles – außer Gras. In einem großen Gehege mit vielen Kräutern ist tägliche Fütterung nicht nötig. Dafür zwei- bis dreimal in der Woche reichliche Portionen. Zur Auswahl stehen: reifes bis überreifes Obst, Melonen, Tomaten, alle Salatsorten, Kohlblätter, in Milch eingeweichte Brotreste, Hunde- und Katzenfutter in Dosen und „anrüchiges" Hackfleisch. Diese Futtersorten, stets abgewechselt, genügen auch als tägliches Alleinfutter für die Nur-Haus-Schildkröte.
Sehr beliebte Leckerbissen sind rote und gelbe Blüten von Wiesenblumen. Und Sie werden bald gelernt haben, daß jede Schildkröte ihren ganz persönlichen Geschmack entwickelt. Anderer-

Bild 5 Zahnlose Kiefer nach dem Prinzip der Beißzange

seits haben alle Schildkröten gewisse Schwierigkeiten, mit manchen Futtersorten fertig zu werden. Ganze Tomaten und Äpfel zum Beispiel können sie kaum anbeißen, weil ihre zahnlosen Hornkiefer an der glatten Schale abrutschen. Auch ein zu großes Fleischstück bleibt nach einigen Versuchen liegen, wenn sie es nicht fertiggebracht haben, in Zusammenarbeit von Maul und Vorderbeinen, ein Stück herauszureißen. Denn kauen, das können Schildkröten nicht. Ihre Kiefer funktionieren nach Art einer Beißzange, Nahrungsteile werden abgezwickt und unzerkaut heruntergeschluckt.
Viel zu oft bekommt man eine Schildkröte erst in die Hand, wenn sie durch unsachgemäße Behandlung schon halb tot ist. Darum einige Tips zur Rettung beziehungsweise Wiederbelebung: Halten Sie das Tier Tag und Nacht bei 20 bis 30 Grad Wärme. Täglich ein Bad in Traubenzuckerlösung, um Flüssigkeit und etwas Nahrung zuzuführen und Darmtätigkeit und Appetit anzuregen. Schneller und sicherer können Sie dieses Ziel erreichen, wenn Sie das Mittel „Perenterol“ aus der Apotheke verabreichen. Es handelt sich dabei um ein weißes Pulver, das nichts weiter als Keime von „gesunden“ Darmbakterien enthält und daher in keinem Fall schaden kann. Die kleinen Kapseln lassen sich leicht öffnen, und der Inhalt wird der Schildkröte ins offene Maul geschüttet. Zwei Tage später zeigt sich der Erfolg: wachsender Appetit und gute Verdauung. Doch füttern Sie trotzdem nur weiches, kleingeschnittenes Futter, das leicht gefressen und verdaut wird. Geben Sie Multibionta auf das Futter, täglich zwei bis fünf Tropfen, je nach Größe des Tieres. Lassen Sie vom Tierarzt Eisen spritzen. Zögern Sie den Winterschlaf hinaus, bis das Tier an Hals und Beinen deutliche Fettansätze zeigt.

Winterschlaf

Der Winterschlaf der Schildkröten – für den Pfleger eine feine Sache. Er braucht sich um seine Tiere überhaupt nicht mehr zu kümmern – vorausgesetzt, er hat sich vorher um sie gekümmert. Denn daß so viele Schildkröten diese natürliche Zwangspause nicht überleben, liegt nur an den Vorbereitungen. Dazu ein Rezept zum totsicheren Überleben:
Im Oktober kommen die Schildkröten endgültig in das Haus. Gutgenährte Tiere mit über 20 Zentimeter Panzerlänge werden nach der richtigen Vorbereitung gleich zum Schlafen gelegt. Die anderen, je nach Größe und Futterzustand, einige Wochen oder Monate später, so daß die kleinsten Babyschildkröten nur einen Monat verschlafen. Das Bett ist eine Laub-und-Heu-Kiste und steht im Keller bei 5 bis 10 Grad Wärme. Wer reif für dieses Bett ist, muß eine Woche lang hungern. Dann wird im Abstand von zwei Tagen gebadet, bis der Darm nur noch weißen Schleim von sich gibt. Und darauf kommt es an. Denn mit Kotresten im Darm verfaulen auch gutgenährte Schildkröten beim Winterschlaf von innen her.

Im April werden alle Schildkröten gleichzeitig aufgeweckt. Sie bleiben aber noch bis Mitte Mai im Haus, bis nach den sogenannten „Eisheiligen“ die Gefahr von Nachtfrösten vorbei ist. Während der ersten Zeit nach der Ruhe ist ein tägliches Bad notwendig. Es macht wach und gleicht den Flüssigkeitsverlust aus. Die Futtermengen jetzt langsam steigern und zunächst nur weiches Futter geben, zum Beispiel Milch und Brot, Salat und Hundefutter aus der Dose.

Zucht

Exakte Angaben über den Zeitpunkt der Geschlechtsreife von Landschildkröten sind in der Literatur nicht zu finden und auch nach eigener Erfahrung schwer zu machen. Von meinen Tieren hat jedenfalls kein Weibchen unter 15 cm Panzerlänge Eier gelegt. Die Männchen sind früher geschlechtsreif, weil sie überhaupt kleiner bleiben.

Kaum sind die Tiere aus dem Winterschlaf richtig erwacht, beginnen bereits die Männchen mit ihrem eigensinnigen Liebeswerben. Sie rennen neben den völlig uninteressierten Weibchen einher und beißen sie in die Vorderbeine. Das soll wohl kaum eine Geste der Zuneigung sein und nur bewirken, daß die betroffene Dame endlich still hält. Aber bis dahin dauert es lange, manchem zu lange. Dann besteigt er die Auserwählte bereits mit den Vorderbeinen, obwohl sie noch läuft und er auf den Hinterbeinen zwangsläufig mitrennen muß, um Schritt zu halten. Dabei reckt er den Kopf weit nach vorn, sperrt das Maul auf und stößt piepsende Laute hervor – bezeichnenderweise die einzigen Laute der Schildkrötensprache. Schließlich und trotzdem gelingt es dem Männchen, seinen Schwanz unter den des Weibchens zu schieben und in einem Moment der Ruhe zu kopulieren. Der Paarungstrieb bleibt den ganzen Sommer bei den Männchen gleich stark, während bei den Weibchen spätestens mit der Eiablage auch jede Neigung zur Kopulation abgelegt wird. Vier bis sechs Wochen nach der Begattung gräbt das Weib-

Bild 6 Vom ersten Riß in der Schale bis zum Schlupf dauert es zwei bis drei Tage

Bild 7 Selbstgebauter Brutapparat für Schildkröteneier

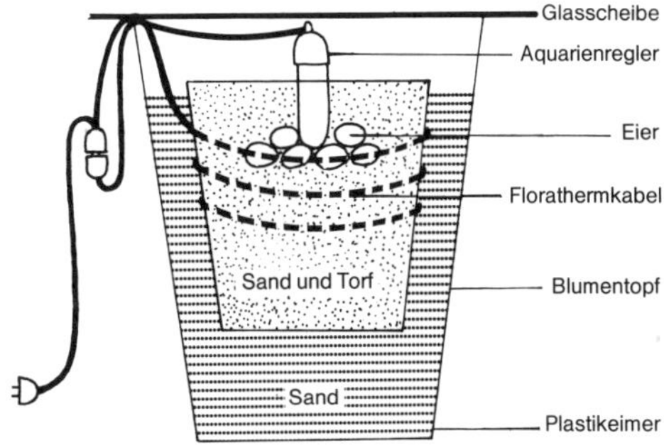

chen ein Nest für die Eier. Im wurzelreichen Wiesenboden eine schwere Arbeit. Darum sollten Sie eine Grube ausheben, einen Spaten tief und zwei Spaten breit, gefüllt mit Sand und Torf. Das Weibchen wird diese Stelle finden, denn es sucht ja überall nach einem möglichst weichen Platz. Den hat es dann, während Sie genau wissen, wo er liegt. Schließlich müssen Sie ja die Eier finden, weil in unserem Klima ohne künstliche Brut keine junge Schildkröte schlüpft.

Jeder handelsübliche Brutkasten für Hühnereier ist auch für Schildkröteneier geeignet. Stellen Sie einen Pappkarton mit feuchtem Sand hinein und vergraben Sie die Eier in genau der gleichen Lage darin, wie sie im Nest lagen. Und sorgen Sie im Brutkasten mit Wasserschälchen und Sprühen für eine Luftfeuchtigkeit von 70 bis 90%. Bei konstanter Temperatur die Eier ruhig liegen lassen, nicht etwa umdrehen wie Vogeleier. Nach einem Monat können Sie die Eier vorsichtig ohne jede Drehung durchleuchten und sehen, welche befruchtet sind. Und nach zwei bis drei Monaten müßten aus diesen dann die Jungen schlüpfen.

Eine andere Möglichkeit ist die Brut unter der Deckscheibe eines Warmwasseraquariums. Hängen Sie eine flache Tonschale mit Sand und Eiern so auf, daß sie weder mit dem Wasser noch mit der Deckscheibe Berührung hat.

Einen speziellen Brutapparat für Schildkröteneier können Sie auch selber bauen. Sie brauchen dazu nicht viel:

Einen Plastikeimer – einen großen Blumentopf, etwas kleiner als der Eimer – ein 30 Watt-Floratherm-Kabel – einen Aquarienregler – Sand – Torf und eine Glasscheibe. Wie das zusammengehört, zeigt die Zeichnung. Aber bitte den Regler vor dem Vergraben der Eier im Sand-Torf-Gemisch unterbringen, sonst könnte ein Ei zerdrückt werden. Und vorher auch den Regler so einstellen, daß die Temperatur 10 cm unter der Oberfläche gleichmäßig um 28 bis 30 Grad bleibt. Jetzt erst die Eier vergraben, 7 cm tief, vorsichtig um den Regler herum. Von nun an täglich prüfen, ob der Sand „richtig“ ist: nicht zu trocken, nicht zu naß. Diese Angabe klingt recht vage, aber Sie brauchen hier eben viel Fingerspitzengefühl.

Machen Sie sich besser von vorn herein auf Fehlschläge gefaßt. Man darf sehr stolz sein, wenn bei zehn Eiern ein oder zwei Junge schlüpfen. Selbst erfahrene

Bild 8 Griechische Landschildkröten kurz vor der Begattung

Züchter erzielen kaum bessere Ergebnisse. Wie werden die frisch geschlüpften Jungtiere gepflegt? Genauso, wie bei „Baby-Schildkröten“ beschrieben.

Der chinesische Sonnenvogel

Leider wird empfohlen, chinesische Sonnenvögel nur einzeln zu halten. Einzelne Hähne nämlich, weil sie so schön laut und unermüdlich singen. Seit ich weiß, warum ein einsamer Sonnenvogel-Hahn „singt“, ist mir jede Freude an diesem Gesang vergangen. Und ich hoffe, daß es Ihnen auch so geht. Oder können Sie sich auf die Dauer am verzweifelten Sehnsuchtsruf eines Vogels nach seinem Artgenossen erfreuen? Wieviel beglückender ist es dagegen, den leisen, lebensfrohen Gesang eines Sonnenvogel-Hahnes mit Weibchen zu hören!

Stellung im Tierreich

Die Gattung der Sonnenvögel umfaßt nur zwei Arten: den chinesischen Sonnenvogel (*Leiotrix lutea*) und den Silberohr-Sonnenvogel. Beide gehören zur vielgestaltigen Unterfamilie der Timalien – wie unsere einheimischen Rohrsänger und Grasmücken. Übrigens ist der gebräuchliche Name „chinesische Nachtigall“ doppelt irreführend. Weder im Körperbau noch im Gesang ist der Sonnenvogel der Nachtigall verwandt oder auch nur ähnlich.

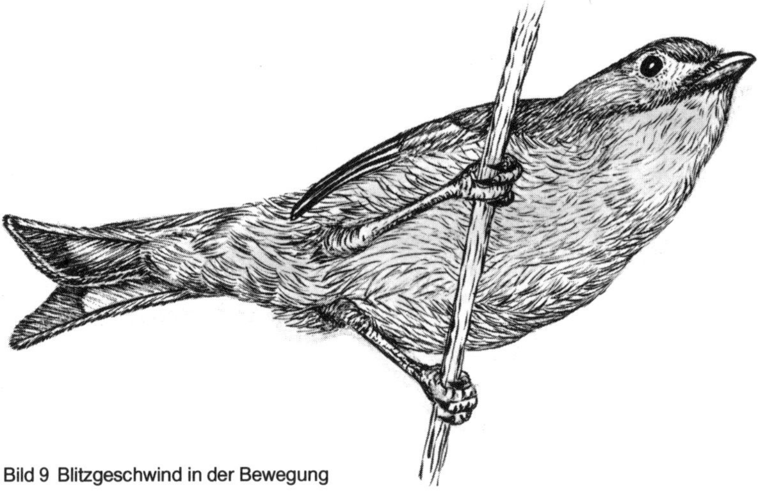

Bild 9 Blitzgeschwind in der Bewegung

Körperbau

Das Gefieder des gesunden chinesischen Sonnenvogels ist glatt und schimmernd. Grundfarbe: olivgrün. Dazu ein knallroter Schnabel, ein roter Flügelfleck und die auffallende, rotgelbe Zeichnung an Kehle und Brust. Sie trug dem Vogel seinen deutschen Namen ein, denn sie erinnert stark an einen Sonnenaufgang.
Männchen und Weibchen sind äußerlich kaum zu unterscheiden – die etwas mattere Gefiederfarbe beim Weibchen ist kein zuverlässiges Kennzeichen. Aber die Geschlechter verraten sich sofort, wenn man ein Tier von den Artgenossen trennt, durch den Sehnsuchtsruf. Das Weibchen ruft tiäh-tiäh-tiäh, das Männchen äußert eine melodische Strophe aus 5 bis 7 Tönen, die etwas an den Überschlag der Mönchsgrasmücke erinnert.

Beobachtungen in freier Natur

Der chinesische Sonnenvogel kommt vom Himalaja bis nach Süd-China ziemlich häufig vor. Er lebt in Bergwäldern aller Art, am liebsten in Nadelwäldern mit dichtem Unterholz. Dort schlüpft und springt er im Gezweig umher, ständig auf der Suche nach Insekten.
Außerhalb der Brutzeit leben die Vögel in kleinen Trupps, die wahrscheinlich aus den Eltern mit ihren erwachsenen Jungen bestehen. Um sich im Dickicht nicht zu verlieren, halten sie mit einem leisen Stimmfühlungslaut Kontakt – nicht zu verwechseln mit dem lauten Sehnsuchtsruf.
Mit Beginn der Brutzeit lösen sich die Gruppen auf. Paarweise bauen die Vögel nun ein Nest, in dessen Nähe sie keinen anderen Sonnenvogel dulden. Doch kennt der Sonnenvogel-Hahn keinen „revierabgrenzenden“ Gesang, wie er etwa bei unserer Nachtigall üblich ist. Der Eindringling wird vielmehr zuerst mit lautem Schnabelknacken bedroht und dann – wenn er nicht verschwindet – ohne viel Federlesens angegriffen, daß die Federn fliegen. Nur in friedlicher Stimmung singt der Sonnenvogel weich und zart. Er sitzt dabei meist auf einer höher gelegenen Zweigspitze und flattert mit den Flügeln.

Anschaffung und Pflege

Ein Sonnenvogel-Paar zu bekommen ist nicht ganz einfach. Denn weil sie ja den Hahn angeblich beim Singen stören, kommen die Weibchen viel seltener in den Handel und sind auch viel billiger als die Hähne. Wenn es Ihnen aber nicht auf einen Zuchtversuch ankommt, sondern „nur“ auf das Glück der Tiere, können Sie ebenso zwei Männchen zusammenhalten. Auch an einem solchen „Paar“ können Sie viele reizvolle Beobachtungen machen über das liebevolle Zusammenleben dieser Vögel.

Bild 10 Zärtliche Ehegatten

Bei der Auswahl des Käfigs sollten Sie außer dem Bewegungsbedürfnis der Vögel auch Ihre Nerven berücksichtigen. Denn je kleiner der Käfig, desto unruhiger die Tiere. Ein Käfig unter 60 cm Länge ist also nicht geeignet. Und stopfen Sie auch einen größeren Käfig nicht mit allzu vielen Stangen voll, damit noch Platz zum Fliegen bleibt.

Der Platz des Käfigs darf selbst für die sonnenhungrigen Sonnenvögel nicht in praller Sonne sein. Ungefährlich sind nur die milde Morgen- und Abendsonne – sonst muß immer ein schattiges Plätzchen erreichbar bleiben.

Regelmäßiger Freiflug im Zimmer ist für gekäfigte Sonnenvögel ein wahres Lebenselexier. Sie bleiben gesund, weil sie nicht zu fett werden, und sie werden ruhiger, weil sie sich austoben dürfen. Etwas Geduld ist allerdings nötig, bis die Tiere von selbst in den Käfig zurückfinden. Am besten lernen sie, die offene Käfigtür direkt anzufliegen, wenn innen auf gleicher Höhe mit der Tür ein paar Mehlwürmer winken. Andernfalls werden sie verzweifelt vor oder auf dem Käfig herumhüpfen und schließlich die erfolglosen Versuche einstellen. Dann muß man sie fangen, was sie sehr übelnehmen.

Zahme Sonnenvögel sind etwas ungemein reizendes – und es ist gar nicht so schwer, das Vertrauen der intelligenten Tiere zu gewinnen. Zwar, solange sie im Käfig eingesperrt sind, werden Sie kaum mehr erreichen, als daß die Mehlwürmer aus der Hand genommen werden. Aber wenn die Tiere an regelmäßigen Freiflug im Zimmer gewöhnt sind, kann sich die Vertrautheit auch viel freier entfalten. Schon allein ihre Neugierde treibt sie bald in die Nähe des Menschen, um alles, was er tut, genauestens wahrnehmen zu können. Dabei beobachten sie so scharf, daß sie binnen kurzem wissen, wann und woher denn die begehrten Mehlwürmer kommen. Sobald Sie Anstalten treffen, einen Wurm aus der Dose

Bild 11 Mit einem Mehlwurm zu angeln, wird ein Vogel da sein, dem, man meint es fast zu sehen, das Wasser im Munde zusammenläuft. Von Tag zu Tag wächst die Gier auf die Würmer und schwindet die Scheu vor dem Menschen und seiner Hand. Nach und nach gehen sie sogar dazu über, mit Glucksen und schrittweisem Näherrücken den Pfleger zur Mehlwurmabgabe zu drängen.

Doch trotz aller aufdringlichen Vertrautheit versuchen Sie bitte nie, nach dem Vogel zu greifen – auch nicht um ihn zu streicheln. Diesen Beweis wirklich uneingeschränkten Vertrauens können Sie nur von einem handaufgezogenen Sonnenvogel erwarten.

Sonnenvögel sind außerordentlich konservativ. Jede Veränderung erschreckt sie zunächst und macht sie mißtrauisch. Versuchen Sie nur einmal, Ihre zahmen Vögel einem fremden Besucher vorzuführen: Die Tiere werden still auf der Gardinenstange sitzen und schauen, aber kein Mehlwurm bekommt sie von ihrer hohen Warte herunter.

Deshalb: Nehmen Sie Rücksicht auf die Vögel, wenn Sie ihr Vertrauen erhalten wollen. Sonnenvögel brauchen nun einmal viel Zeit, um sich an Neues zu gewöhnen, und einen sehr gleichmäßigen Tages- und Lebenslauf, um gleichmäßig vertraut zu bleiben.

In einer trockenen, sonnigen Voliere mit frostfreiem Schutzraum (siehe Seite 41) können Sonnenvögel das ganze Jahr über bleiben. Die Vögel sind bei reichlich fetthaltigem Futter nicht kälteempfindlich und singen sogar im tiefen Schnee. Und wenn Sie züchten wollen, ist Volierenhaltung sogar Voraussetzung. Es sei denn, Sie sind bereit, die Tiere dauernd frei im Zimmer zu halten – möglichst mit Zugang zu einem vergitterten Balkon und vielen buschigen Pflanzen.

Tafel 1

oben: Griechische Landschildkröte (Testudo hermanni). Die wohl am häufigsten importierte Schildkröte.

unten: Maurische Landschildkröte (Testudo graeca). Der beste Platz für Schildkröten ist ein sonniger Garten mit möglichst vielen Kräutern.

Als Futter erhalten Sonnenvögel ein schnabelfertiges Weichfutter aus der Zoohandlung. Je mehr Ameiseneier darin sind, desto besser. Dazu geben Sie altes Weißbrot, in Milch eingeweicht und ausgedrückt und mit einem halben Teelöffel Sanostol vermischt. Außerdem weiches oder kleingeschnittenes Obst nach der Jahreszeit, Rosinen, Mehlwürmer und Fliegenmaden. Die Maden werden in Geschäften für Anglerbedarf als Lebendköder verkauft und halten sich im Kühlschrank viele Tage frisch. Doch beachten Sie: Nur trockene Maden in trokkenen Schälchen verfüttern. Jedes bißchen Feuchtigkeit verhilft den Maden zu ungeahnten Kletterfähigkeiten an der Napfwand.

Zucht

Die Sonnenvogelzucht ist eine heikle Angelegenheit. Sie brauchen vor allem eine große, ruhige Voliere, dazu viel Geduld und die Fähigkeit, Rückschläge zu ertragen. Die Voliere wird mit dichten Büschen und Schlingpflanzen bestückt, wie etwa Fichte, Tanne, Lebensbaum, Hainbuche, Efeu und Knöterich.
Von Ende Mai bis Anfang September ist die beste Zeit, die beiden Sonnenvögel in die Voliere zu setzen. Dann gewöhnen sie sich problemlos an das Leben draußen mit warmen Tagen und kühlen Nächten, und sie lernen rechtzeitig den Schutzraum aufzusuchen, bevor der Frost kommt. Doch mehr dürfen Sie vorerst nicht erwarten. Selbst in der schönsten Voliere bei bester Pflege werden die Tiere kaum zur Brut schreiten, bevor ein Jahr vergangen ist.
Die Zusammenstellung eines Zuchtpaares bereitet gewöhnlich keinerlei Schwierigkeiten. Wählen Sie zwei muntere Tiere mit blanken Augen – die Vögel sind nicht wählerisch.
Schon nach kurzer Zeit sieht man kaum noch einen Sonnenvogel ohne den anderen. Alles unternehmen sie gemeinsam, wobei sie sich mit vielen verschiedenen Lauten über die jeweilige Stimmungslage verständigen. Gelegentlich allerdings kann man wilde Raufereien zwischen den Ehepartnern beobachten. Scheinbar aus heiterem Himmel rollen sie wie zwei übermütige Hunde über den Boden und treten sich gegenseitig in den Bauch. Doch ist der Streit wohl nicht ganz ernst gemeint, denn kurze Zeit danach sitzen die Vögel genauso zärtlich zusammen wie immer.
Als Einleitung zur Kopulation hüpfen Männchen und Weibchen eine Weile um-

Tafel 2
oben: Chinesischer Sonnenvogel (Leiotrix lutea). Die auffallend rotgelbe Zeichnung an Kehle und Brust erinnert stark an einen Sonnenaufgang.
unten: Chinesische Zwergwachtel (Excalfactoria chinensis). Hinten die schlicht tarnfarbige Henne, vorn der prächtige Hahn, dessen dunkle Kehle oben und unten von weißen Bändern eingefaßt wird.

Bild 12 Handaufgezogener Sonnenvogel

einander herum und übereinander hinweg, bis schließlich das Männchen zur Begattung auf das Weibchen springt.
In Gefangenschaft bauen Sonnenvögel, besonders anfangs, ziemlich brüchige Nester. Manche Brut ist allein daran gescheitert, daß Eier oder Junge mitsamt dem Nestboden herunterfielen. Bringen Sie deshalb schon im Winter einige Maschendrahtkörbchen von 12 cm Durchmesser im oberen Volierendrittel hinter dichten Zweigen an. Falls die Vögel diese Hilfe verschmähen, können Sie das Nest auch nachträglich von unten mit einem feinen Netz sichern.
Bei der Wahl des Nistmaterials zeigen Sonnenvögel ausgesprochen individualistische Züge. Während das eine Paar nur Holzwolle annimmt, baut das andere lieber mit dünnen Papierstreifen, und ein drittes kommt nur mit langen Grashalmen und Roßhaar zurecht. Zusätzlich werden oft trockene Blätter, Moos und Flechten eingebaut. Bei Kokos- und Hanffasern dagegen ist Vorsicht geboten. Zu groß ist die Unfallgefahr, weil sich Hals oder Füße in Schlingen verfangen können.
Das Gelege enthält meist drei Eier. Tagsüber brüten beide Eltern abwechselnd, jeweils 10 bis 20 Minuten. Nachts sitzt immer das Weibchen im Nest. Nach 15 Tagen schlüpfen dann die Jungen. Sofort nach dem Schlüpfen tragen die Eltern die Eischale aus dem Nest und lassen sie in einiger Entfernung fallen. Überhaupt macht so ein Nest immer einen sehr sauberen Eindruck, weil die Eltern den Kot der Jungen sofort verschlucken, nachdem die Jungen ihn mit viel Mühe am Nestrand abgesetzt haben.
Die jungen Sonnenvögel sind außerordentlich empfindlich gegen einseitige Ernährung und Vitaminmangel. Die beste, weil natürlichste Ernährung wären möglichst verschiedenartige Insekten, Spinnen und Ameiseneier. Die Eltern fangen auch eifrig, was sie erwischen können. Aber das reicht natürlich nie. Sie brauchen zusätzlich Fliegenmaden (die sie zu mehreren quer im Schnabel ins Nest tragen), kleine oder frisch gehäutete Mehlwürmer (die sie einzeln der Länge

nach im Schnabel tragen) und tiefgefrorene Ameiseneier. Die kann man portionsweise in großen Zoohandlungen kaufen. Doch wenn Sie einen Tiefkühlschrank besitzen, kommen Sie billiger weg. In Fachzeitschriften, zum Beispiel der „Geflügelbörse", werden Ameiseneier in Großpackungen angeboten. Ein Liter kostet zwar zwischen 20 und 30 Mark, reicht aber auch für die Aufzucht von drei Jungvögeln.

Ohne künstliche Vitamine überleben die Jungen selbst beim besten Ersatzfutter kaum. Gleichgültig, in welcher Form Sie die Vitamine ins Futter mogeln – hinein müssen sie. Bestreuen Sie feuchte Fliegenmaden mit Vitaminpulver, bis die Maden trocken sind, tropfen Sie ein wohlschmeckendes (!) Präparat auf die Ameiseneier oder beobachten Sie, ob die Vögel auch Milch und Brot mit Sanostol verfüttern. Jedenfalls verlassen Sie sich nie auf den Vitamingehalt von frischem Obst.

Schlechtwetterperioden sind in unserem Klima ja leider gang und gäbe. Für junge Sonnenvögel bedeuten sie oft den Tod, weil sie im Nest von unten zu stark auskühlen. Diese Gefahr können Sie vermindern, wenn Sie unter dem Nest ei-

Bild 13 Am Schlafplatz

nen Infrarot-Strahler anbringen. Doch prüfen Sie vorher sorgfältig, bei welchem Abstand die Wärme auch auf die Dauer nicht über 35 Grad steigt.
Wenn die jungen Sonnenvögel 11 – 12 Tage alt sind, werden Sie sich wahrscheinlich sehr wundern. Denn die vollkommen flugunfähigen Vögelchen sitzen nicht mehr im Nest. Das ist kein Aufzuchtfehler, sondern ganz normal. Und solange die Kleinen lebhaft sind und sperren, werden sie auch weiterhin von den Alten gut versorgt. Allerdings zeigen sich die Eltern in den folgenden Tagen wesentlich leichter aufgeregt und verschreckt als sonst. Bei jeder Annäherung des Pflegers zetern sie laut, was die Jungen sofort veranlaßt, sich im Gebüsch zu verkriechen. Bezähmen Sie also Ihre fürsorgliche Neugierde. Erst wenn die Familie sich abends zum Schlafen niedergelassen hat, dürfen Sie in kühlen Nächten ganz vorsichtig die segensreiche Wärmelampe auf sie richten.

Die chinesische Zwergwachtel

Diese ruhigen Tiere sind etwas für ruhige Menschen, die eine gute Beobachtungsgabe und Platz für einen großen Käfig haben. Beides braucht man nämlich für die Zucht, ohne die das Wachtelleben für Mensch und Tier etwas eintönig ist.

Stellung im Tierreich

Die Gattung der Zwergwachteln umfaßt 10 Arten und Unterarten. Sie gehört zur Überfamilie der Feldhühner und diese zur Ordnung der Hühnervögel. Entfernte Verwandte der chinesischen

Bild 14 Zwergwachtel – Normalstellung

Zwergwachtel (*Excalfactoria chinensis*) sind unser einheimisches Rebhuhn und die europäische Wachtel.

Körperbau

Die chinesische Zwergwachtel ist der kleinste Hühnervogel der Welt. Sie wird nur 45 Gramm leicht. Männchen und Weibchen unterscheiden sich nur durch die Gefiederfärbung: die Henne schlicht tarnfarbig, der Hahn prächtig. Die dunkle Kehle wird oben und unten von zwei weißen Bändern eingefaßt, die Brust ist graublau, der Bauch rostrot und der Rücken braun. Die orangefarbenen Füße tragen keinen Sporn.
Wie alle Hühnervögel besitzen Zwergwachteln einen Kropf, in dem die Nahrung durch kleine Steinchen zermahlen wird, die eigens zu diesem Zweck aufgenommen werden.

Beobachtungen in freier Natur

Über die Lebens- und Verhaltensweisen der chinesischen Zwergwachteln in freier Natur wissen wir so gut wie nichts. Aus Freilandbeobachtungen kennen wir nur ihr Biotop, nämlich – vom menschlichen Standpunkt aus gesehen – „offene" Graslandschaften im tropischen Asien südlich des 20. nördlichen Breitengrades. Für die winzigen Vögel bietet diese Umgebung soviel Unterschlupfmöglichkeiten wie für eine Stecknadel der Heuhaufen. Man könnte noch nicht einmal ihre Anwesenheit dort vermuten, würden sie nicht wie Kanonenkugeln hochburren, sobald man ihnen zu nahe kommt.
In Gefangenschaft allerdings lassen sich Zwergwachteln leicht beobachten. In der „feindfreien" Umgebung werden sie rasch zutraulich und kommen mit wesentlich weniger Deckung aus als draußen in freier Wildbahn.

Anschaffung und Pflege

Schaffen Sie Zwergwachteln nur paarweise an, denn diese Tiere leben in strenger Einehe. Sorgfältig gepflegt kann das Paar 10 Jahre alt werden. Leider sind die Hennen recht empfindlich, gehen leichter ein – und sind daher selten einzeln zu haben.
Im Handel werden keine speziellen Wachtelkäfige angeboten. Daher wandern die Tiere oft in irgendeinen Vogelkäfig, der für Bodenvögel, die nie auf einer Stange sitzen, denkbar ungeeignet ist. Wollen oder müssen Sie Ihre Wachteln im Zimmer halten, greifen Sie zu Hammer und Säge. Sie brauchen: eine Sandschublade aus Sperrholz oder Blech, ein paar Meter Holzleisten, einseitig oder zweiseitig mit einem Nut versehen (Bastlerladen), Glasscheiben, ein Stück Sperrholz

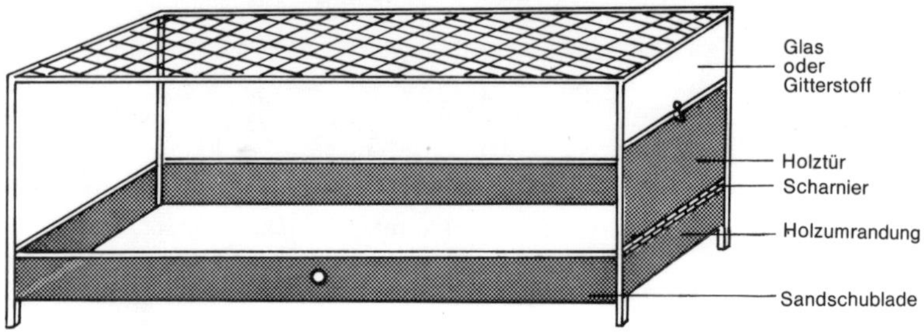

Bild 15 Zwergwachtel-Zimmerkäfig

mit Riegel, Scharniere oder „Klavierband", ein Stück grobmaschigen Stoff für die Dachbespannung und Bootslack, um das Holz wasserfest zu machen. Aus diesen Zutaten bauen Sie sich nach Ihren eigenen Maßen einen Käfig, wie es die Zeichnung zeigt. Die Grundfläche sollte mindestens einen halben Quadratmeter betragen, die Höhe etwa 30 bis 40 Zentimeter. Wichtig ist noch, daß die Holzleisten miteinander verzargt und geleimt werden müssen, sonst bricht der Käfig bald auseinander.

In den fertigen Käfig wird eine dicke Sandschicht gefüllt. Benutzen Sie weder Torf noch Katzenstreu – in beidem können die Tiere ja kein Sandbad nehmen. Auch auf Rasenplatten und anderes natürliches Inventar sollten Sie im Zimmerkäfig verzichten, die Reinigung wird unnötig erschwert. Einmal wöchentlich wird der Kot zusammengekehrt, alle vier Wochen der ganze Sand erneuert.

Zwergwachteln brauchen einen versteckten Schlafplatz: Ein Kistchen oder Pappkarton wird mit der offenen Seite senkrecht gestellt und mit einer Handvoll Heu ausgepolstert. Darin bauen die Tiere ein fast geschlossenes Nest.

Glückliche Besitzer einer Vogelstube können Zwergwachteln ohne viel zusätzliche Arbeit halten. Zwei, drei flache Schalen werden mit niedrigen, breitwachsenden Büschen, harten Gräsern und Rankgewächsen bepflanzt. Zum Beispiel Fingerkraut, Blauschwingel und Efeu. Unter und zwischen diese Pflanzen kommen mehrere Heunester.

Überdachte Außenvolieren ab zwei Quadratmeter Grundfläche sind im Sommer für Zwergwachteln ein idealer Platz. Aber winterhart sind die Tiere leider nicht. Eine Möglichkeit: Sie halten die Vögel von Oktober bis Mai im Haus. Doch erkälten sich die Weibchen besonders leicht beim Umgewöhnen. Die andere Möglichkeit: Sie bauen den Tieren einen hellen, heizbaren Schutzraum, dessen Innentemperatur nie unter 15 Grad absinkt. Durch eine Bodenklappe können die Wachteln dann auch im Winter ins Freie, solange sie das mögen. So härten sich

die Tiere gut ab und kommen gar nicht erst in Versuchung, zur Unzeit Eier zu legen.
Als Wärmequelle kann ein sogenannter Frostwächter mit eingebautem Thermostaten dienen (aus der Elektrohandlung). Er wird an der Wand aufgehängt und gibt die Wärme nach vorne und oben ab. Sobald die eingestellte Temperatur erreicht ist, schaltet er aus. Billiger in der Anschaffung ist eine Infrarot-Glühbirne im Drahtkorb. Sie verbraucht zwar andauernd Strom, aber dafür strahlt sie auf den Boden, und die Vögel können sich selbst aussuchen, wie nahe an der Wärme sie sitzen wollen.
Eine dicht bepflanzte Zwergwachtelvoliere kann sehr hübsch aussehen, ist aber oft nicht ganz sinnvoll. Andere Vögel beschmutzen oder zerstören die Pflanzen, und für die Wachteln ist die notwendige Bodenfeuchtigkeit alles andere als gesund. Künstliche Schlupfwinkel tun es auch: ein lockerer Reisighaufen, ein großes Rindenstück, ein umgekippter Korb oder ein paar Backsteine mit Zwischenräumen aufgestellt. Wichtig ist nur, daß der Boden unter diesen Verstecken nie feucht wird und daß genügend Heu da ist zum Nesterbauen.
Zwergwachteln sind einfach zu ernähren – aber machen Sie es sich nicht zu einfach. Wasser und Hirse bedeuten auf die Dauer soviel wie Wasser und Brot für einen Menschen. Also füttern Sie außerdem Waldvogelmischfutter, Fertigfutter für Insektenfresser, Salat, Vogelmiere, angekeimte Kolbenhirse und Eifutter. Dafür ein Rezept: ein hartgekochtes Eigelb durch ein Kaffeesieb streichen und mit Zwiebackmehl, einem Teelöffel Futterkalk und 15 Tropfen Multibionta ver-

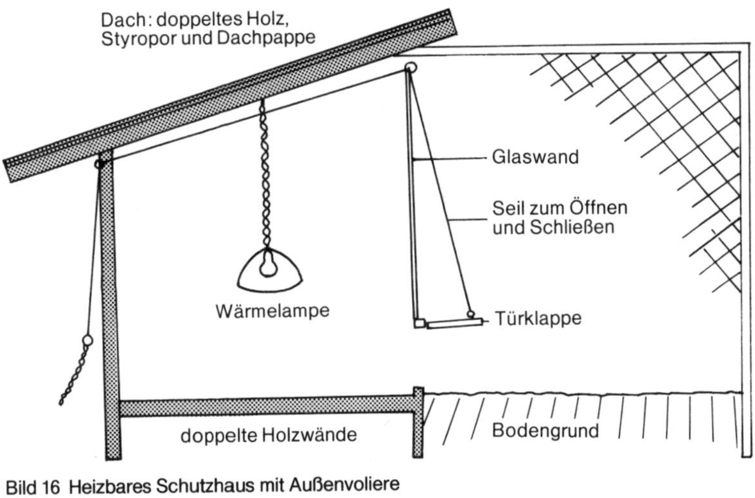

Bild 16 Heizbares Schutzhaus mit Außenvoliere

Bild 17 Wir frieren

mischen. Die feucht-krümelige Masse hält sich im Kühlschrank mehrere Tage frisch.
Als Leckerbissen aller Leckerbissen aber bekommen die Wachteln Mehlwürmer – die frisch gehäuteten weißen sind die besten. Die Tiere sind so versessen auf Mehlwürmer, daß sie jede Scheu vor der Hand schnell überwinden. Auf Ruf oder Pfiff kommt der Hahn herbeigelaufen, reißt den Wurm aus der Hand und – frißt ihn nicht. Mit seitwärts gelegtem Kopf hält er ihn glucksend der Henne hin. Und die nimmt einen nach dem anderen ganz ungeniert. Erst wenn sie wirklich nichts mehr hinunterwürgen kann, frißt auch der Hahn mal einen Mehlwurm selber.
Überhaupt verhält sich das Männchen sehr „zuvorkommend". Nie würde es sein Weibchen vom besten Sandbade- oder Schlafplatz weghacken – wie das das Weibchen immer wieder tut. Und wenn das Männchen abends dem Neste zustrebt, wartet es geduldig, bis sich die Henne bequemt, mitzukommen. Im Nest bieten die beiden ein Bild schönster Eintracht. Eng aneinandergeschmiegt hokken sie am liebsten so, daß die Hinterteile etwas hochstehen und die Köpfe fast im Heu verschwinden. Manchmal sieht man sie auch schlafen wie ein Tier mit zwei Köpfen. Das heißt dann: Uns ist zu kalt. Der Pfleger sollte in diesem Fall schleunigst für mehr Wärme sorgen.
Auch tagsüber sitzen die Wachteln oft dicht beieinander und kraulen sich gegenseitig Kopf und Kehle. Dabei schließt der Gekraulte vor Hingabe die Augen, sträubt die Federn und verrenkt sich schier den Hals, damit kein Fleckchen unbearbeitet bleibt.

In einer trockenen, ruhigen Voliere züchten viele Zwergwachtel-Paare ganz unproblematisch. Leider nicht alle. Sie können den Tieren beim Kauf nicht ansehen, ob sie zuverlässige Eltern sein werden oder nicht. Es ist keine Frage der Gesundheit. Zwei verschiedene Pärchen, nacheinander in derselben Voliere gehalten, reagieren nicht immer gleich. Während das eine Paar laufend Junge großzieht, verläßt das andere laufend die Eier. Es gibt also kein sicheres „Rezept" für die Wachtelzucht. Aber vielleicht hilft Ihnen dieser Tip: Beobachten Sie sehr genau und gründlich das Verhalten der Tiere am und im Nest. Denn meist liegt der Mißerfolg daran, daß sich die Tiere durch irgend etwas beunruhigt fühlen. Und dieses Etwas können Sie finden und vorsichtig ändern. Es ist gar keine Kunst, die Henne zum Legen zu bringen. Die eigentliche Schwierigkeit ist: Bleibt sie auf den Eiern sitzen? Und das tut sie nur, wenn viel Deckung um das Nest und wenig Lärm um den Käfig ihr die nötige innere Ruhe geben – vor allem in den ersten Tagen der ersten Brut.

Je länger die Henne sitzt, desto weniger „störanfällig" ist sie. Der Hahn indessen bewacht die Henne und kann dann sogar recht aggressiv werden. Mit gesenktem Kopf und hängenden Flügeln stürzt er sich auf vermeintliche Feinde, selbst wenn sie wesentlich größer sind als er.

Doch zurück zum Anfang aller Zucht, zur Balz. Je nach Temperament wirbt der

Bild 18 Vor dem Einschlafen

Bild 19 Frontalbalz

eine Hahn ausdauernd mit Seiten- und Frontalbalz um die Henne, während der andere sie vom Fleck weg vergewaltigt, so oft er nur kann. Dabei muß die Henne sichtlich Federn lassen, auf dem Kopf nämlich, weil der Hahn sich bei der Kopulation daran festhält.

Bei der Seitenbalz hebt der Hahn den der Henne zugewandten Flügel an und läßt den anderen tief hängen. Zur Frontalbalz richtet sich der Hahn so hoch wie möglich auf und präsentiert der Henne die kontrastreiche Zeichnung an Kehle und Bauch. Dazu erklingt ein langgezogener Ruf.

Einige Tage nach der Kopulation liegt das erste Ei im Nest. Sitzt statt dessen die Henne mit halbgeschlossenen Augen, gesträubtem Gefieder und aufgetriebenem Hinterleib herum, leidet sie an Legenot. Dann braucht sie schnelle Hilfe: 35 Grad Wärme bei hoher Luftfeuchtigkeit und vielleicht auch eine zarte Massage am Bauch. Ein normales, hartschaliges Ei kann man dabei fühlen. Ein weichschaliges Ei (Kalkmangel!) kann die Henne kaum alleine aus dem Darm pressen, weil es keinen Widerstand bietet. Letztes Mittel, bevor sie an Entkräftung eingeht: mit einer Stopfnadel das Ei noch im Darm anbohren, so daß es ausfließt. Die ledrige Hülle kommt bald von selbst nach. Wenn nicht, hilft ein kleines Klistir – ein paar Tropfen Salatöl, mit einer stumpfen Tropfpipette in den Darm eingeführt. Übrigens auch ein gutes Mittel bei hartschaligen Eiern.

Bis das Gelege von drei bis zehn Eiern komplett ist, legt die Henne täglich ein Ei. Zwar schlafen beide Eltern nachts auf den Eiern, aber die Brut beginnt erst

nach dem letzten Ei. Tag und Nacht brütet die Henne allein, während der Hahn vor dem Nest „Wache schiebt". Mehrmals am Tage verlassen beide Eltern das Nest für kurze Zeit, um zu fressen.
Nach 16 Tagen schlüpfen die Jungen, und sobald sie trocken sind, führen die Al-

Bild 20 Mehlwurmangebot mit Seitenbalz

ten sie zum Futterplatz. Kaum zu glauben, aber diese hummelgroßen Winzlinge fressen allein: viel Eifutter und etwas Mohn und Weizengrieß. Zwischen den Mahlzeiten werden sie von der Henne gehudert.
Nach wenigen Tagen schon beginnen die Federn zwischen den Dunen hervorzusprießen. Zuerst die Schwungfedern, dann Schwanz- und Rückengefieder und zuletzt die Bauchfedern. Immer weniger brauchen sie nun die Wärme der Mutter, doch immer mehr gehaltvolles Futter: außer feinen Sämereien reichlich Fasanenaufzuchtfutter mit Kalk und Vitaminen, dazu Salat und Brennesseln, feinst gehackt.
Am Ende der zweiten Lebenswoche beginnt ein etwas gefährliches Alter. Die jungen Wachteln können dann nämlich fliegen. Und sie tun es auch beim geringsten Anlaß mit solcher Heftigkeit, daß sie sich beim Aufprall am Volierengitter leicht das Genick brechen. In dieser Zeit darf sich der Pfleger nur mit der Schnelligkeit eines Faultieres bewegen und muß alles unterlassen, was nicht unbedingt notwendig ist. Drei Wochen später ist die übersteigerte Fluchtbereitschaft dann überwunden. Mit acht Wochen sind die Jungen ausgewachsen, und die Hähne mausern aus dem tarnfarbigen Jugendkleid in das Prachtkleid. Jetzt ist es allerhöchste Zeit, die Jungen von den Eltern zu trennen.

Künstliche Brut und Aufzucht

Wenn die Henne ihre Eier unbebrütet liegen läßt, können Sie sie bis zu einer Woche nach dem letzten Ei noch wegnehmen und versuchen, sie künstlich auszubrüten. Angebrütete Eier allerdings dürfen nur ein, zwei Stunden offen gelegen haben – sie müssen noch lauwarm sein, sonst sind sie abgestorben. Die künstliche Brut ist gar nicht so schwierig, wie Sie vielleicht denken. Sie brauchen nur einen kleinen Brutapparat dazu an einem schattigen, erschütterungsfreien Platz. Stellen Sie die Temperatur auf 37 Grad ein und sorgen Sie mit feuchten Schwämmen oder flachen Wasserschalen für 70 – 80% Luftfeuchtigkeit. Dann legen Sie alle Eier gleichzeitig ein. Vom dritten Tag bis zur ersten Pickstelle muß

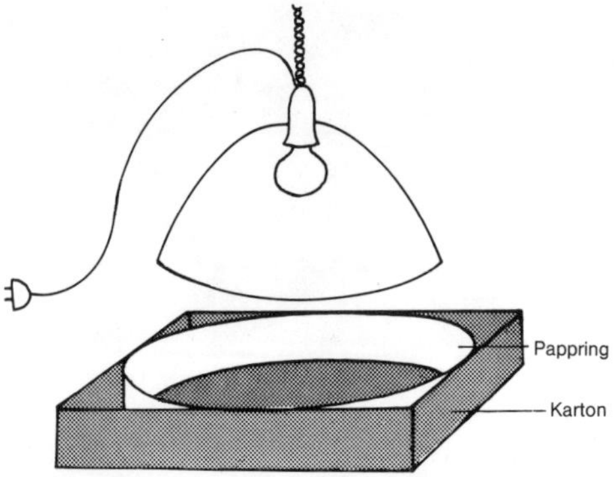

Bild 21 Aufzuchtkasten für künstlich erbrütete Zwergwachteln

jedes Ei alle 12 Stunden einmal gewendet werden. Nach jedem Wenden bleiben die Eier 15 Minuten zum Abkühlen bei Zimmertemperatur liegen. Sobald das erste Ei eine Pickstelle zeigt, soll der Brutapparat nicht mehr geöffnet werden, bis alle Jungen geschlüpft und trocken sind.
Bereiten Sie einen quadratischen Karton vor, in den ein rundgeklebter Pappstreifen eingesetzt wird. Er soll verhindern, daß sich die Jungen in kalte Ecken verkriechen können. Der Boden des Kartons wird mit einer Infrarotlampe überall gleichmäßig auf 35 Grad erwärmt. Streuen Sie keinen Sand auf den Boden, sondern Futter, damit die Küken es schnell finden. Mehrere Trinkwasserröhrchen für Käfigvögel werden mit Gummiband an der Wand befestigt. Keinesfalls größere Wassernäpfe nehmen – die Kleinen ertränken sich unglaublich leicht.
Nach fünf Tagen haben sich die jungen Wachteln an ihr mutterloses Dasein gewöhnt. Sie können in eine größere Kiste umziehen, wo nur noch eine Ecke gewärmt wird. Auf den Boden kommt Sand, das Futter in flache Schalen. Und denken Sie jetzt auch daran, die Kiste mit Maschendraht zuzudecken, bevor die Jungen fliegen können. Alles weitere ist auf Seite 46 beschrieben.

Das Streifenhörnchen

Streifenhörnchen können entzückende Hausgenossen sein oder kleine Nervensägen. Das hängt vor allem davon ab, wieviel Bewegungsfreiheit das Tier hat – und wieviel Zeit und Geduld Sie für die Zähmung aufwenden.

Stellung im Tierreich

Die Gattung der Streifen- oder Backenhörnchen umfaßt 16 Arten. Sie gehört zur Überfamilie der Hörnchenartigen, diese wiederum zur Ordnung der Nager. In der Verwandtschaft des Streifenhörnchens finden wir unser einheimisches Eichhörnchen, das Murmeltier, den amerikanischen Präriehund und das Flughörnchen. Dieser Platz zwischen ausgesprochenen Erdbewohnern und Baumtieren paßt zur Lebensweise der Streifenhörnchen: Sie klettern und graben gleichermaßen gut.

Körperbau

Im Handel wird meist das asiatische Streifenhörnchen angeboten (*Eutamias sibiricus* oder *asiaticus*), auch Burunduk genannt. Ich beschreibe nur diese Art. Denn der amerikanische Chipmunk (*Tamias striatus*) unterscheidet sich im Körperbau kaum und in der Haltung gar nicht vom Burunduk.
Der Körper des Streifenhörnchens wird 12 – 15 cm lang, der Schwanz 8 – 10 cm.

Alles zusammen wiegt etwa 125 Gramm. Über Kopf und Körper ziehen sich der Länge nach vier bis fünf schwarze Streifen im graubraunen Fell. Der Schwanz wirkt ebenfalls gestreift, wenn er in der Erregung buschig getragen wird. Beim ruhigen Tier liegt das Schwanzhaar glatt an und sieht einfarbig aus. Die Pfoten mit den beweglichen Zehen sind Vielzweck-Werkzeuge zum Graben, Klettern, Fressen und Putzen. Die Backentaschen bleiben unsichtbar, solange sie leer sind. Sie fassen aber erstaunlich viel: bis zu 9 Gramm Getreide auf jeder Seite.
Erwachsene Männchen und Weibchen sind leicht zu unterscheiden. Denn beim Männchen liegen die relativ großen Hoden deutlich sichtbar zwischen den Hinterläufen. Allerdings verschwinden die Hoden blitzschnell im Körper, wenn man ein Männchen gegen seinen Willen anfaßt.

Beobachtungen in freier Natur

In ihrer Heimat, im Norden der Alten Welt, werden die Burunduks immer zahlreicher. In den letzten hundert Jahren haben sie ihr Siedlungsgebiet sogar be-

Bild 22 Erschrecktes Streifenhörnchen mit gesträubtem Schwanz

Bild 23 Schlafendes Streifenhörnchen

trächtlich erweitert. Das spricht für die große Anpassungsfähigkeit der kleinen Nager. Aus den zutraulichen Waldbewohnern sind nämlich freche Kulturfolger geworden. Die betroffenen Bauern würden sicher eher das Wort „Schädling" gebrauchen. Denn die Streifenhörnchen betrachten Gärten, Felder und Scheunen als ihr „Land der unbegrenzten Möglichkeiten". Sie graben die keimende Saat aus, beißen die reifen Ähren von den Halmen und ziehen nach der Ernte zum Winterschlaf in die Scheunen ein. Und wie man es bei Kulturfolgern oft beobachten kann, verändern sich im Nahrungsüberfluß und ohne Feinddruck natürliche Lebensgewohnheiten: Die Streifenhörnchen treten dann in Massen auf.

Fern von menschlichen Siedlungen, in Laub- und Nadelwäldern aller Art, leben die Tiere am liebsten paarweise. Gemeinsam bauen sie Schlafnester und Vorratskammern in hohlen Bäumen oder im Boden. So ein Erdbau reicht oft eineinhalb Meter tief in den Untergrund. Er verzweigt sich zu einem ausgedehnten System von Gängen und Kammern, die über mehrere Jahre gepflegt und erweitert werden. Zahlreiche Einschlupflöcher dienen als Fluchtweg, wenn ein Räuber den Bau nach Beute durchstöbert.

Das Streifenhörnchen-Jahr ist in drei deutlich abgegrenzte Perioden eingeteilt: Winterschlaf, Fortpflanzung und die herbstliche Sammelzeit.
Den Winter verschlafen Streifenhörnchen nicht wie die sprichwörtlichen Murmeltiere. Sie legen ihre Vorräte ja auch nicht in Form von Fettpolstern an, die der Körper einfach im Schlaf aufzehrt. Vielmehr wachen die Streifenhörnchen alle paar Tage auf, schlüpfen aus der Schlafkammer in eine Speisekammer und fressen ausgiebig. Dann benutzen sie die eigens angelegte Kotkammer. Deshalb bekommt man die Tiere in schneereichen Gegenden monatelang nicht zu sehen.
Das ändert sich gründlich im März, April, wenn die Tage wärmer werden. Jetzt beginnt der große Hausputz. Ungeheure Mengen von Futterresten und Unrat werden in den Backentaschen aus dem Bau geschafft. Zugleich ist Paarungszeit. Und nach fünf bis sechs Wochen werden die blinden, fast nackten Jungen geboren. Oft sind es drei, manchmal auch zehn. Aber mehr als sechs zieht das Weibchen selten auf. Denn es hat nur sechs Zitzen.
Die ersten drei Wochen verbringen die Jungen ausschließlich im Nest. Dann öffnen sich die Augen, und schon eine Woche später sind sie selbständig. Sie verlassen das Nest, um dem zweiten Wurf Platz zu machen. Bis zur Geschlechtsreife im nächsten Frühjahr leben die jungen Streifenhörnchen in kleinen Gruppen zusammen.
Ob jung, ob alt, Streifenhörnchen sind überaus lebhafte Tagtiere. Sie lieben die Sonne und – fast möchte man sagen – das Leben überhaupt. Scheinbar blind für die Umwelt turnen sie herum. Doch entgeht nichts ihrer Aufmerksamkeit. Wie der Blitz sausen sie in ihre Löcher, wenn sie sich bedroht fühlen. Andererseits treibt sie aber die Neugier, alles zu untersuchen, was nicht wie ein Raubtier aussieht. Wanderer haben berichtet, daß die Tiere ziemlich ungeniert ihr Lager durchsuchten und im Handumdrehen alles Eßbare wegschleppten.
Der natürliche Speisezettel der Streifenhörnchen ist schier unendlich lang. Alles, was der Wald an Samen, Nüssen und Beeren zu bieten hat, ist ihnen willkommen. Sie machen noch nicht einmal vor Fröschen, Eidechsen, Jungvögeln, Insekten und trockenen Pilzen halt.
Dementsprechend reichhaltig und reichlich fallen auch die Wintervorräte aus. Jeder Hamster könnte vor Neid erblassen, angesichts dessen, was ein Streifenhörnchen zusammenträgt. Jedes Tier bringt es leicht auf sechs Kilogramm Vorräte. Wenn man den Durchschnittsverbrauch von 15 Gramm Futter am Tag zugrunde legt, müßte diese Menge genau ein Jahr reichen. Also könnte man daraus schließen, daß die Streifenhörnchen einen furchtbar langen Winter erwarten.

Tafel 3
Das Streifenhörnchen ernährt sich von Getreidekörnern, Obst, Nüssen, Beeren und von allem, was der Wald zu bieten hat.

Bild 24 Jungtiere

Wir wissen jedoch, daß die Tiere eigentlich gar nichts „erwarten". Denn die herbstliche Sammelwut hat nichts mit vorausschauender Planung zu tun. Das Verhalten wird einfach automatisch ausgelöst, wenn die Temperatur sinkt und zugleich die Tage kürzer werden. Und wenn sie einmal angefangen haben zu sammeln, machen sie weiter – bis Schnee und Kälte sie zur Ruhe zwingen.

Anschaffung und Pflege

Wenn Sie mit einem Streifenhörnchen liebäugeln, prüfen Sie bitte zuerst: Sollten es nicht doch besser zwei Streifenhörnchen sein?
Sicher, nur ein einzelnes Tier wird richtig zahm – wenn es außerdem auch noch ganz jung ist. Aber einen Gefährten braucht es trotzdem. Und der sind dann Sie. Jeden Tag ein, zwei Stunden Spiel und Streicheln außerhalb des Käfigs müssen

Tafel 4
Zahm und zutraulich wird ein Igel sehr schnell bei der Fütterung: Ohne Furcht und Stachelsträuben läßt er sich anfassen und hochheben.

„drin" sein. Wollen Sie wirklich fünf Jahre und mehr als Streifenhörnchen-Ersatz zubringen?
Zwei Streifenhörnchen, das heißt in jedem Fall ein Paar. Sie werden mehr Zeit und Geduld brauchen, um zwei Tiere wenigstens gitterzahm zu machen. Anfassen lassen sie sich meist nie. Dafür ist Ihre Verpflichtung nicht so unerbittlich, und Sie bekommen mehr zu sehen. Nämlich Junge – mit etwas Glück. Wenn es soweit ist, können Sie ja immer noch ein ganz junges Junges herausnehmen und ganz handzahm machen.
In den letzten Jahren sind Streifenhörnchen erschwinglich geworden. Teuer ist allerdings der Käfig. Denn die preiswerten Gefängnisse, die der Zoohandel als „ausreichend" anbietet, gehören verboten. Streifenhörnchen brauchen jede Menge Platz, um sich auszutoben. Sonst bekommen Sie von den interessanten Verhaltensweisen nichts zu sehen. Statt dessen haben Sie ein Tier, das wie ein Mühlrad durch den Käfig saust: Wand rauf, Dach entlang, Wand runter, über den Boden, Wand rauf, Dach entlang – und so weiter, stundenlang. Kaufen Sie deshalb einen Käfig für Affen oder bauen Sie selber einen. In einem Gartenkäfig kann man den Tieren erlauben, „eigenhändig" einen Erdbau anzulegen. Dazu müssen Sie allerdings den Boden des Käfigs vorher recht tief ausschachten und die Grube sorgfältig mit nichtrostendem Maschendraht auskleiden. Dann die Erde wieder einfüllen. Der oberirdische Teil wird aus Balken oder Dachlatten zusammengenagelt und mit Maschendraht bespannt. Als wetterfestes Dach dient Eternit, Fiberplastik oder Holz mit Dachpappe.
Vergessen Sie nicht, außer der Tür auch noch eine Futterklappe einzubauen: Je weniger Sie den Käfig betreten müssen, desto geringer die Gefahr, daß die Tiere entwischen.
Auf einem Balkon läßt sich der Käfig einfacher bauen. Der Boden ist ohnehin nicht „umgrabbar". Aber Sie können einen Erdbau-Ersatz schaffen, indem Sie Backsteine mit fünf Zentimetern Abstand zu einem Haufen schichten. Die Zwischenräume werden mit Erde oder Sand gefüllt, damit die Tiere richtig darin graben können.
Besonders direkt wird der Umgang mit den Streifenhörnchen, wenn eine Seite des Käfigs an Fenster oder Balkontür anschließt. Die Tiere lernen schnell, durch das offene Fenster ins Zimmer zu kommen, um sich Nüsse abzuholen. Werden sie dabei zu frech, kann man sie mit einem wedelnden Tuch leicht wieder zum Rückzug bringen.
Ein Zimmerkäfig sollte besser aus Metallschienen angefertigt werden, weil dünne Holzleisten der Nagerei zum Opfer fallen und Dachlatten zu klobig wirken. Preiswert und einfach zu verarbeiten: ein Keller-Regal aus Metall mit vorgebohrten Löchern, bei dem die Zwischenböden weggelassen werden. Ein 10 Zentimeter hohes Blechgefäß als Schublade im Käfig oder eine Wanne um den Käfig halten den Schmutz in Grenzen.

Bild 25 Eine große Nuß ist auch ein Zeitvertreib

Mindestgröße des Käfigs: ein halber Kubikmeter Rauminhalt, also zum Beispiel 100 × 100 × 50 cm. Höhe ist wichtiger als Breite.
Jedes Tier erhält wenigstens einen Schlafkasten.
Wieso wenigstens? – Erinnern Sie sich an die natürlichen Erdbaue der Streifenhörnchen mit ihren verschiedenen Kammern? Viele Streifenhörnchen mögen auch in Gefangenschaft auf Kammern nicht verzichten und richten sich die Holzkästen als solche ein. Außerdem ziehen sie gerne mal um – vor allem mit Jungen.
Die Kleinen werden dabei sanft mit dem Maul gefaßt und mit den Pfoten zu einer Kugel geformt. Sie verfallen dann sofort in die „Tragstarre", die es der Mutter erlaubt, unbehindert zum neuen Nest zu springen und zu klettern.
Nistkästen für Zwergpapageien haben genau die richtige Größe für Streifenhörnchen. Man kann sie leicht öffnen und leicht saubermachen. Die Kästen sollten aber auch leicht verschließbar sein. Zum Beispiel mit einer kleinen Holzplatte, die lose an einer Schraube über der Einschlupföffnung hängt. Wenn das Loch offen bleiben soll, wird die Platte seitwärts mit einem Holzpflock befestigt. Oder man baut mit kleinen Leisten eine Leitspur für eine Schiebetür quer über den Kasten.
Bei allen größeren Arbeiten im Käfig ist es ratsam, die Tiere so im Schlafkasten einzuschließen. Sie könnten sonst vor lauter Aufregung versuchen, aus einem Türspalt zu entwischen. Die anschließende Hetzjagd ist für keinen ein Vergnügen und kann wochenlange Geduld zunichte machen. Der gleiche Trick mit dem verschließbaren Schlafkasten hilft auch, wenn das Männchen in einen Extrakäfig umziehen muß, weil das Weibchen trächtig ist.
Zum Auspolstern der Nester gibt man weiches, warmes Material. Kleine Stücke von einem alten Wollpullover, Heu oder Zellstofftücher. Nie sind Streifenhörnchen herrlicher beschäftigt, als wenn man ihnen lange Streifen von weichem Toilettenpapier gibt!

Als Einstreu für den Zimmerkäfig ist den Streifenhörnchen Sand am liebsten. Denn sie nehmen gerne Sandbäder – oft sogar in feuchtem Sand. Wie kleine Schlangen reiben sie sich am Boden und schütteln nachher den Sand wieder gründlich aus dem Fell. Und da die Tiere nur eine Ecke im Käfig als Toilette benutzen, bleibt der Sand auch lange sauber.

Selbstverständlich gehören in jeden Käfig ein paar dicke, frische Äste mit Rinde zum Klettern und Nagen. Probieren Sie aus, welche Holzart Ihren Tieren am besten schmeckt, dann halten die Schlafkästen länger. Vor Gebrauch müssen die Äste gründlich in der Badewanne abgebürstet werden, um Rückstände von der Luftverschmutzung abzuwaschen.

Futter- und Wassernäpfe bleiben am Boden nie lange sauber. Im Handel gibt es Trinkflaschen, die mehrere Tage Wasser oder dünnen, schwarzen Tee ohne Zukker spenden. Nur die Milch für Weibchen mit Jungen wird in einem Napf gegeben, den man leichter sauberhalten kann. Ideal für das Futter sind Kanarien-Nistkörbchen aus Metall, die man am Gitter aufhängt.

Bei der Fütterung sind Ihrer Erfindungsgabe kaum Grenzen gesetzt. Versuchen Sie: Nüsse mit und ohne Schale, Sonnenblumenkerne, Eßkastanien, Bucheckern, Birnen, Äpfel, Salat, Rosinen, Datteln, Feigen, Hagebutten, Vogelbeeren, Mandarinen, Mehlwürmer, Grashüpfer, Kekse, Toastbrot, Zwieback und – ab und zu – ein ganz kleines Stückchen Schokolade. Sobald Streifenhörnchen im Außenkäfig anfangen, Vorräte zu sammeln, wird mit Frischfutter gespart. Denn was die Tiere nicht gleich fressen, wird eingelagert und beginnt bald zu faulen.

Einmal wöchentlich gibt man den Streifenhörnchen ein Multi-Vitaminpräparat ins Trinkwasser, für Zimmertiere mit Vitamin D 3, für

Bild 26 Beim Nestbau mit Papierstreifen

Draußentiere ohne. Denn im ungefilterten Sonnenlicht kann ihr Körper das Vitamin selbst herstellen, und zuviel davon ist ungesund.
Trübe Augen, struppiges Fell und Durchfall sind Anzeichen einer Krankheit. Oft hilft gleichmäßige Wärme und eine Diät aus Sonnenblumenkernen und ungesüßtem, schwarzem Tee. Doktern Sie aber nicht länger als drei Tage herum, sondern gehen Sie zum Tierarzt, bevor das Tier zu schwach wird.

Wie ein Streifenhörnchen zahm wird

Ein frisch gekauftes Streifenhörnchen ist in der ersten Zeit ziemlich verstört. Käfig, Geräusche und Gerüche – alles ist neu und daher furchterregend. Sie tun also gut daran, das Tier zunächst völlig sich selbst zu überlassen.
Die Zähmung beginnt damit, daß Sie die bevorzugten Leckerbissen aus dem Speiseplan streichen. Sie werden nur noch selten und nur aus der Hand gereicht. Sprechen Sie dabei leise den Namen oder einen Lockruf, doch vermeiden Sie hohe, zwitschernde Töne. Denn so hört sich der Angstruf der Streifenhörnchen an.
Zuerst wird das Tier den Leckerbissen nur nehmen, wenn die Hand wieder aus dem Käfig heraus ist. Später wird es ihn ängstlich an sich reißen und dann – seien Sie ruhig darauf gefaßt – wird es ganz sanft mal in die Hand beißen. Es will damit auskundschaften, wie gefährlich die Hand ist. Je ruhiger und ausdauernder Sie sind, desto schneller wächst das Vertrauen des Tieres. Lassen Sie nur den Mut nicht sinken, falls Ihr Streifenhörnchen die unruhige Zeit in der Zoohandlung nicht vergessen kann.
Eines Tages ist es dann soweit: Das Tier wird zum Fressen auf der Hand sitzenbleiben. Und dann geht alles weitere wie von selbst.
Mit hungrigem Magen darf es bald im Zimmer umherspringen, nachdem Sie empfindliche und wertvolle Sachen beiseite geräumt haben. Vor allem an Gardinen und Büchern geht ein Streifenhörnchen kaum spurlos vorüber. Stubenrein dagegen sind die meisten Tiere von selbst, sobald sie den Weg in den Käfig zurück gut genug kennen.
Anfangs wird das Tier wahrscheinlich stundenlang oben auf einem Schrank oder einer Gardinenleiste sitzen, um die neue Umgebung zu betrachten. Dann beziehen Sie einen stillen Beobachtungsposten und locken wie gewohnt mit Futter. Gelehrig wie es ist, wird das Tier schnell merken, aus welcher Tasche die Nüsse kommen und Sie als „Nußbaum“ annehmen. Und wenn Ihr Streifenhörnchen sich dann auch noch streicheln läßt, können Sie voll Stolz sagen: Sie haben wirklich ein zahmes Streifenhörnchen.

Der Igel

Einen Igel kann man in unserem Lande in keiner Tierhandlung erwerben. Niemand schafft ihn mit planvollem Vorsatz an wie eine Schildkröte oder ein Streifenhörnchen. Dem Igel muß man irgendwo begegnen, man kann ihn anlocken, erwarten. Und eines Tages ist er da, kommt wie zufällig des Weges. Möglicher Treffpunkt fast überall. Doch wie soll sich die Freundschaft zu einem Igel dann gestalten? Halbwild im Garten, das ist ein wahres Vergnügen für beide Teile. Wahre Tierliebe zeigt, wer trotz einiger Probleme einem verspäteten Igelkind über Herbst und Winter Wärme und Futter im Haus gibt.

Stellung im Tierreich

Läuft uns in Deutschland ein Igel über den Weg, so ist es fast immer ein Braunbrust-Igel (*Erinaceus europaeus*). Er wird in die Gattung der Kleinohrigel eingeordnet. Mit Spitzmäusen und Maulwürfen gehört diese Gattung zu den Insektenfressern, die in die große Klasse der Säugetiere eingestuft werden.
Igel sind über die ganze Welt verbreitet und sich überall recht ähnlich: Stachelkleid, spitze Schnauze, trippelnder Gang. Doch darf man sich durch solche, im wissenschaftlichen Sinne oberflächlichen Ähnlichkeiten nicht zu Fehlschlüssen verleiten lassen. Der Ameisenigel zum Beispiel ist gar kein Igel – obwohl er so heißt und so aussieht.

Körperbau

Jeder Igelrücken ist mit ungefähr 16 000 Stacheln besetzt. Und wie ist der Igel zu diesen Stacheln gekommen? Ursprünglich hatten auch die echten (Stachel-)Igel nur ein Fell auf dem Rücken wie ihre nächsten Verwandten, die Haarigel, es heute immer noch haben. Im Laufe von unendlich vielen Generationen wuchsen bei den echten Igeln immer mehr Haare zusammen, wurden dadurch härter und verwandelten sich vom wärmenden Haarkleid zu wirksamen Abwehrwaffen. Heute

Bild 27 Mißtrauischer Braunbrustigel

Bild 28 Igel, der sich entrollt

gibt es zwischen den Stacheln kein einziges, einzelnes Haar mehr. Und damit das Tier trotzdem nicht frieren muß, legt es sich unter der Haut eine dicke Speckschwarte zu.
Wenn ein Igel sich zusammenrollt, tut er das nicht wie ein Eichhörnchen im Nest, das ja auch wie eine Kugel aussieht, noch zieht er die unbestachelten Körperteile einfach unter den Stachelpanzer wie eine Schildkröte. Vielmehr ist die stachelige Rückenhaut wie ein dehnbarer Sack gebaut und mit einem starken Muskel verbunden, der den ganzen Rücken bedeckt und am Bauch zusammengewachsen ist. Will sich das Tier vor Feinden schützen, zieht dieser Muskel sich am Rande der Stacheln zusammen, die Rückenhaut wird gedehnt, Kopf und Beine werden zum Bauch hin gepreßt, und schließlich ist der ganze Körper eng gefaltet in dem gänzlich verschlossenen Sack verschwunden. Man kann den Igel nun drehen und wenden wie man will, es bleibt im wahrsten Sinn des Wortes kein Angriffspunkt mehr.
Kein Igel kann seine Stacheln aufrichten, solange er ausgestreckt ist. Warum? Weil die Stacheln schräg in der Haut sitzen. Beim entspannten Tier liegt sie weich und lose über dem Rücken, und zwangsläufig zeigen alle Stacheln nach hinten. Doch ebenso zwangsläufig richten sich die Stacheln auf, wenn die Haut gedehnt wird – beim Zusammenrollen. Beobachten Sie, was passiert, wenn Sie einen „wilden" Igel nur an einer Körperstelle berühren: Er wird die Stacheln dort sofort aufrichten, weil er die Haut spannt, also anfängt, sich zusammenzurollen.

Beobachtungen in freier Natur

Igel leben fast überall: im Wald und auf der Heide, auf Wiesen und Äckern, in Parks und Gärten, in Tälern und bis hoch hinauf in die Berge. Nur feuchte Lebensräume und Nadelwälder ohne Unterholz sagen ihnen nicht zu.
Gegen Abend erwacht der Igel in seinem Nest, das er meist allein bewohnt, und geht schnaufend und scharrend in seinem Revier auf Futtersuche. Mit einigen Unterbrechungen „arbeitet" er so die ganze Nacht, wobei er mehr von Ohren und Nase als von den Augen geleitet wird. Alles, was er an lebenden oder toten Tieren findet, frißt er, mit spitzen Zähnen und laut schmatzend. Was für ein abwechslungsreicher Speisezettel: Heuschrecken, Regenwürmer, Schnecken, Asseln, Spinnen, Engerlinge, Tausendfüßler, Kröten, Frösche, Eidechsen, Schlangen, junge Mäuse, Vogeleier und gelegentlich etwas Fallobst und Beeren – alles in allem bis zu 500 Gramm pro Nacht.
Einige Male wurden Kämpfe zwischen Igel und Kreuzotter beobachtet. Und der Igel war meistens der Sieger. Denn sobald die Schlange zubeißt, hält der Igel seine gesträubten Stacheln hin, und die sind in jedem Fall länger als die Giftzähne der Schlange. So erschöpft die Kreuzotter nach und nach ihren Vorrat an Gift und Kraft. Schließlich kann der Igel ihr das Rückgrat durchbeißen und alles verspeisen – auch Kopf und Giftdrüsen. Deshalb gelten Igel als absolut giftfest, was leider nicht stimmt. Hin und wieder bleibt nämlich auch die Schlange der Sieger, und der Igel geht an einem schnellen Biß – in eine ungeschützte Stelle – ein.
Der schlimmste Feind der Igel ist allerdings das Auto. Dagegen hat die Natur ihnen weder Vorsicht noch Waffen mitgegeben. Unbekümmert suchen sie auf den nächtlichen Straßen nach Insekten, die sich auf den noch warmen Asphalt gesetzt haben. Doch gibt es für tierliebe, nicht zu rasante Autofahrer eine Möglichkeit, die Igel zu schonen: Anhaltendes Hupen erschreckt die Tiere sehr. Entweder sie stürzen sich Hals über Kopf in den rettenden Straßengraben, oder sie rollen sich ein. Und dann ist es ziemlich einfach, mit den Rädern an ihnen „vorbeizuzielen".

Ein Igel im Garten

Ein Igel im Garten ist niedlich und nützlich, eine problemlosere Freundschaft zu einem Tier gibt es nicht. Allerdings müssen Sie sich entscheiden: entweder Igel oder Insekten- und Schneckengift; beides zusammen verträgt sich nicht. Außerdem mögen Igel keine peinlich sauber geharkten Gärten, weil sie dort keine Schlupfwinkel und nicht genügend Futter finden. Erst ein Komposthaufen und Reisig und Laub unter Büschen machen einen Garten so richtig wohnlich nach Igelgeschmack.
Wenn Sie einen solch einladenden Garten von mindestens 300 Quadratmetern

haben, aber keinen Igel, dürfen Sie vom 1. Oktober an einen einfangen, um ihn anzusiedeln. Vorher verbietet das Naturschutzgesetz, einen Igel mitzunehmen, weil die Weibchen bis in den September noch Junge werfen. Und wer möchte schon riskieren, daß ein Nest voller Igelkinder verhungern muß, weil man die Mutter weggeschleppt hat?
Igel sind sehr ortstreue Tiere. Das heißt, sie bleiben freiwillig lange Zeit an einem Platz, wo sie sich wohlfühlen. Aber aus einer neuen, unbekannten Gegend laufen sie sofort wieder weg und versuchen, ihr altes Revier wiederzufinden. Deshalb wird für den Igel, den Sie ansiedeln wollen, ein kleines Stück Garten fest eingezäunt. Dort bekommt er jeden Abend reichlich Futter (siehe Seite 66) und ein Nest. Dieses Nest soll natürlich warm und trocken sein. Den letzten Pfiff aber bekommt es erst, wenn die Kiste etwas erhöht steht und eine schräge Einschlupfröhre besitzt, die das Eindringen von Nässe und Zugluft verhindert.
Hat sich das Tier soweit eingewöhnt, daß es Nest und Futterplatz gut kennt, kann man das Gitter entfernen – und hoffen, daß der Igel bleibt. Abends bekommt er weiterhin pünktlich zur gleichen Stunde am gleichen Platz sein Futter, auch wenn er in der ersten Zeit der Freiheit nicht ganz so pünktlich ist. Ob Ihr Igelfreund oder etwa eine Katze den Fleischtopf ausgeschleckt hat, erkennen Sie am nächsten Morgen am „Dank“: Nur der Igel setzt seinen Kot in der Nähe der Futterstelle ab.
An menschenvertrauten Igeln hat man eine Verhaltensweise beobachtet, deren Bedeutung lange Zeit ein großes Rätsel blieb: das Stachelspucken. Alle möglichen nicht eßbaren Gegenstände, denen ein starker Geruch anhaftet, werden vom Igel so lange durchgekaut, bis er das ganze Maul voller Schaum hat. Den spuckt er sich mit schnellen Kopfbewegungen auf die Rückenstacheln.
Früher glaubte man, der Igel wolle so die Flöhe vertreiben. Wahrscheinlicher jedoch ist, daß das Tier seinen recht penetranten Eigengeruch mit einem fremden überlagern will, der seinen Feinden den möglichen Braten nicht verrät.
Welch ein Vergnügen, einen wilden und doch zahmen Igel im Garten zu haben. Denn zahm und zutraulich wird das Tier sehr schnell, fast von selbst bei der Fütterung. Es läßt sich ohne Furcht und Stachelsträuben anfassen und hochheben. Und dann können Sie auch

Bild 29 Selbstbespeicheln

Bild 30 Paarung (nach Foto Poduschka)

nachschauen, ob Sie ein Weibchen erwischt haben und im nächsten Frühjahr auf Junge hoffen dürfen. Greifen Sie dem entspannten Igel von oben unter den Muskelring der Nackenstacheln. Ziehen Sie die lose Haut schnell und fest hoch, bis die Finger zwischen Nacken und Muskelring sitzen. Der Igel kann sich dann nicht mehr zusammenrollen, und wenn Sie ihn hochheben, sehen Sie am Bauch folgendes: beim Weibchen eine schlitzartige Öffnung direkt über dem After, beim Männchen die Penisöffnung im unteren Bauchdrittel. Fünf Paar Zitzen, ziemlich weit seitlich am Bauch, haben beide – obwohl natürlich nur die Weibchen Junge säugen können.

Die Paarungszeit beginnt direkt nach dem Winterschlaf, meist im April. Das Männchen pirscht sich dann von hinten an ein Weibchen heran. Doch das dreht sich wie der Blitz um und boxt den Freier ärgerlich schnaufend weg. Ein neuer Versuch – wieder kein Erfolg. Stundenlang setzen so die beiden ihr kämpferisches Liebeskarussell fort. Und schließlich kommt es, wie es kommen muß: Das Weibchen gibt nach. Es legt sich flach auf den Boden und streckt die Hinterbeine aus, wodurch die Stacheln glatt am Rücken anliegen. Nun kann das Männchen gefahrlos aufreiten.

Für die nächsten Wochen wohnen Igelmann und Igelfrau im gleichen Nest. Doch wenn nach 40 Tagen die Jungen geboren werden, muß der Vater wieder ausziehen. Kinderpflege ist allein Sache des Weibchens, das in der ersten Zeit die Jungen kaum verläßt, um ein paar Bissen zu fressen.

Igelkinder werden blind, taub und haarlos geboren. Nur winzige, weiche, weiße Babystacheln sind auf dem Rücken zu sehen. Aber schon nach wenigen Tagen sind aus den rosa Würmchen richtige kleine Igel geworden mit neuen, dunklen Stacheln. Nach einer Woche werden diese Stacheln versuchsweise gesträubt, und nach zwei Wochen gelingt es den Kleinen schon, sich zusammenzurollen. Erst

Bild 31 Igelfamilie

nachdem sie diese wichtigste Fähigkeit eines Igellebens erworben haben, öffnen sich bei den Jungen auch Augen und Ohren. Sie verlassen immer häufiger mit der Mutter das Nest und beginnen bald, selbst Nahrung zu suchen. Und sechs Wochen nach der Geburt müssen sich die kleinen Igel alleine durchschlagen.
Ob sie das auch können, die Igelmutter kümmert es nicht. Für den ersten Wurf ist es ja auch kein Problem, im Sommer. Aber die Herbstigel, die sind oft schlimm dran. Um den nahen Winter durchzustehen, müßten sie mindestens 600 Gramm schwer sein. Tatsächlich bringen sie kaum mehr als die Hälfte auf die Waage, und Nahrung ist immer schwieriger zu finden. Darum: Helfen Sie jedem Igelkind, das im November noch ohne den nötigen Speck herumläuft.

Ein Igel im Haus

Ein gesunder Igel, der einen Menschen kommen hört oder riecht, läuft weg oder rollt sich fauchend zusammen. Tut er das nicht, sollten Sie ihn zuerst zum Tierarzt und dann nach Hause bringen. Igel können nämlich auch Tollwut haben, die sie – paradoxerweise – besonders zahm erscheinen läßt.
Fürchten Sie sich nicht, einen zusammengerollten Igel hochzuheben. Vorsichtig mit beiden Händen angefaßt, bleibt die Wirkung der Stacheln erträglich. Und auf einem längeren Heimweg kann er im angewinkelten Ellenbogen oder auf dem Boden des Autos transportiert werden.
Als erste Notunterkunft kann vieles herhalten, vom großen Pappkarton bis zum Waschkorb – wenn Sie nur einen luftdurchlässigen Deckel dafür haben, der mit Büchern beschwert wird. Denn diese Tiere, die in freier Natur niemals klettern,

Bild 32 In Verteidigungsstellung

Bild 33 Entspannter Igel

entwickeln sich zu wahren Akrobaten und Ausbruchskünstlern, sobald sie eingesperrt sind. Und falls sich der Igel über Nacht befreit und die Wohnung durchforscht, werden Sie tagsüber die Wohnung nach seinen zahlreichen „Hinterlassenschaften“ durchforschen müssen.

Der Käfig, in dem ein Igel mehrere Wochen leben soll, kann gar nicht groß genug sein. Das Tier hat ein ungeheures Bewegungsbedürfnis. Außerdem muß der Käfig ausbruchsicher sein und leicht zu reinigen. Den volkstümlichen Namen „Swinegel“ führt das Tier ganz zu recht. Ideal wäre, Sie könnten Ihren Igel einfach in einem leeren Zimmer laufen lassen, dessen Fußboden aber nicht kalt sein darf. Doch diese Lösung wird nur selten möglich sein. Die zweitbeste Unterbringung ist wohl ein Kinderplanschbecken aus Plastik, das einen beschwerten Maschendrahtdeckel erhält. Als Einstreu dient Torf oder aber Katzenstreu, die Feuchtigkeit und Geruch am wirksamsten bindet. Dazu kommt ein umgestülpter Pappkarton mit Einschlupfloch und viel Heu als gemütlich warmes Schlafnest.

Futter- und Wassernapf sollen flach, schwer, standfest und nicht zu groß sein. Sonst setzt sich der Igel mit allen vier Pfoten hinein und macht sich und den Käfig unbeschreiblich naß und schmierig. Am sichersten sind Keramikschalen, in deren Mitte man einen Stein legt, falls sie zu groß sind.

Natürlicherweise findet man Igel abends und unverhofft. Also: kein Igelfutter zu kaufen und keines auf Vorrat. Das Tier aber möchte nachts fressen, und zwar viel. Was liegt da näher, als fürs erste reichlich Milch hinzustellen. Der Igel mag sie immer, und der Mensch hat sie meistens. Doch leider verursachen große Mengen unverdünnter Kuhmilch bei jedem Igel, der von der Mutter entwöhnt ist, sofort schwere Darmstörungen und Durchfall. Geben Sie ihm statt Milch

besser ein rohes aufgeschlagenes Ei oder leihen Sie sich eine Dose Tierfutter bei einem freundlichen Nachbarn.
Auf die Dauer kann man einen Igel nur mit sehr vielseitiger Kost gesund erhalten. Hauptanteil tierische Nahrung: Hackfleisch, Leber, gekochter und geräucherter Fisch, Eier, kleingeschnittenes Herz und Hühnerfleisch, Katzen- und Hundefutter aus der Dose. Breiartiges Futter kann mit wenig Hundeflocken oder eingeweichtem Brot vermischt werden. Auch süßes Apfelmus und etwas Pudding sind oft sehr beliebt. Doch das begehrteste, weil natürlichste Futter, sind Mehlkäfer und deren Larven (Mehlwürmer) und tote Mäuse, die ich – ein wenig hinterlistig – meiner Katze abjage.
Für die richtige Zusammensetzung der Nahrung gibt es nur einen Maßstab: die Ausscheidungen des Igels in der darauffolgenden Nacht. „Guter" Kot soll dunkel sein und fest geformt. Schleimiger oder gar blutiger Durchfall heißt: Sofort auf Schonkost umstellen, auf fettarmes Hackfleisch und dünnen schwarzen Tee mit Traubenzucker. Und dann vorsichtig probieren, welches Futter die Störung verursacht hat. Außerdem gibt es ein hervorragendes, rein pflanzliches Mittel, das allen Verdauungsproblemen vorbeugt. Es heißt „Stop" und wird in Futtermittelgroßhandlungen für bäuerlichen Bedarf verkauft. Wenn Sie dieses Pulver täglich ins Futter mischen, bleibt der Igel nicht nur immer gesund – er stinkt auch nicht mehr.
Igel können unglaubliche Mengen vertilgen und nehmen dabei unglaublich rasch zu. So ist es gar nicht ungewöhnlich, wenn ein mageres Igelkind von 250 Gramm von November bis Weihnachten die notwendigen 600 Gramm für den Winterschlaf erreicht. Dann können Sie es samt Käfig in den Keller stellen. Nach und nach wird das Tier nun immer weniger fressen und schließlich in Dauerschlaf fallen – bei Temperaturen von 5 – 10 Grad. Der winterschlafende Igel liegt zu dreiviertel zusammengerollt im Nest. Er atmet nur ganz langsam, und die Körpertemperatur ist auf etwa 7 Grad gesunken. Das läßt sich leicht mit einem Thermometer nachprüfen, das in die Höhlung am Bauch gesteckt wird. Doch prüfen Sie vor allem immer wieder nach, ob der Igel auch durchschläft. Es könnte sein, daß das Tier an milden Wintertagen erwacht. Und dann braucht es Futter und Wasser.
Alle meine Igel hatten denselben Namen: Floh-rian. Schauen Sie zwischen die Stacheln, und Sie wissen warum. Zwar scheinen die unzähligen Flöhe einem kräftigen Igel nicht sonderlich zu schaden. Doch fühlt sich das Tier sicherlich wohler ohne diese „Besatzung". Stäuben Sie also das ganze Tier mit Wendelinus-Puder ein, außer am Kopf. Nach der Behandlung kommt der Igel für eine Stunde in ein Ausweichquartier, das später mit heißem Wasser ausgewaschen oder vernichtet werden kann. Denn nicht alle Flöhe sterben an dem Gift, manche fallen nur betäubt zu Boden. Sie müssen vernichtet werden, bevor sie zu neuen Taten erwachen.

Im Frühling hat die Sorge für den Hausigel ihr natürliches Ende. Wenn im April ein paar warme, trockene Tage aufeinanderfolgen, darf der Stachelfreund in die freie Natur zurückkehren. Suchen Sie ein Gelände aus, weitab von Autostraßen, mit viel Gebüsch und altem Laub am Boden. Dort hat er gute Chancen zu überleben – bessere jedenfalls als zu Beginn des Winters, bevor er in Ihre hilfreichen Hände fiel.

Ausführliche Ratschläge für die Aufzucht und Haltung von Igeln finden Sie in dem Buch „Igel in Pension" von Claudia Bestajovsky (Reihe DAS VIVARIUM, Kosmos-Verlag Stuttgart 1975)

Das Vivarium

In dieser Reihe werden Einzelgebiete der Vivaristik dargestellt. Die handlichen Bücher bieten jedem eine Hilfe, der Tiere und Pflanzen in Aquarien oder Terrarien, Käfigen und Volieren erfolgreich halten und pflegen will. Bereichert wurde die Reihe mit untenstehenden Büchern über Igel, Zwergkaninchen u. a., die neben Vivarien- und Terrarientieren zu beliebten Hausgenossen zählen.
Die Bücher erscheinen in der modernen Form der Paperbacks mit farbigem Umschlag. Jeder Band hat durchschnittlich 80 Seiten und ist reich illustriert durch Zeichnungen und Farbfotos.

Welches Tier für unser Kind? Christine Adrian
Welches Tier gliedert sich am besten im Familienkreis ein, ohne daß dabei einer der Beteiligten überfordert wird? In diesem Sinne ist dieses Buch ein Ratgeber.

Zwergkaninchen Günter Flauaus
So ein reizender „Zwerg" ist schnell gekauft, aber wie pflegt man ihn, was füttert man, was hat man sonst zu beachten, um ihm und uns Freude zu machen: der Autor gibt Antwort auf diese Fragen.

Igel in Pension Claudia Bestajovsky
Zehntausende von Igeln sterben jährlich auf unseren Straßen. Tausenden könnte geholfen werden, wenn wir uns im Herbst und Winter um junge, kranke oder schwache Tiere kümmerten, die ohne uns das nächste Frühjahr nicht erlebten. Die Autorin hilft aus eigener Erfahrung, alle Probleme zu beantworten.

Futter für Vivarientiere Willy Jocher
Das richtige Futter für die gebräuchlichen Aquarien- und Terrarientiere. Futterbeschaffung, Fang und Zucht von Futtertieren, Anzucht und Vorratshaltung von Futter und anderes mehr.

In Ihrer Buch- oder Fachhandlung erhältlich.

Über Aquaristik liegt die Informationsschrift P 046 vor, über Vogelkunde P 086 und über Kleintiere P 313. Auf Anforderung schicken wir sie Ihnen gern.

Kosmos-Verlag, Postfach 640, D-7000 Stuttgart 1